"ධම්මෝ හි වාසෙට්ඨා, සෙට්ඨෝ ජනේතස්මිං
දිට්ඨේ චේව ධම්මේ, අභිසම්පරායේ ච."

වාසෙට්ඨයෙනි, මෙලොවෙහි ත්, පරලොවෙහි ත්
ජනයා අතර ධර්මය ම ශ්‍රේෂ්ඨ වෙයි !

- අග්ගඤ්ඤ සූත්‍රය - භාගයවත් බුදුරජාණන් වහන්සේ

චතුරාර්ය සත්‍යාවබෝධයට ධර්ම දේශනා

නුවණ වැඩීමට පිළියමක්...

පූජ්‍ය කිරිබත්ගොඩ ඤාණානන්ද ස්වාමීන් වහන්සේ

© සියලුම හිමිකම් ඇවිරිණි.

ISBN : 978-955-687-067-1

ප්‍රථම මුද්‍රණය : ශ්‍රී බු.ව. 2559 ක් වූ ඇසළ මස පුන් පොහෝ දින

සම්පාදනය : මහමෙව්නාව භාවනා අසපුව
වඩුවාව, යටිගල්ඔළුව, පොල්ගහවෙල.
දුර : 037 2244602
info@mahamevnawa.lk | www.mahamevnawa.lk

පරිගණක අකුරු සැකසුම, පිටකවර නිර්මාණය සහ ප්‍රකාශනය :
මහාමේඝ ප්‍රකාශකයෝ
වඩුවාව, යටිගල්ඔළුව, පොල්ගහවෙල.
දුර : 037 2053300, 0773216685
mahameghapublishers@gmail.com

මුද්‍රණය : ලීඩ්ස් ග්‍රැෆික්ස් (පුද්.) සමාගම,
අංක 356 E, පන්නිපිටිය පාර, තලවතුගොඩ.

චතුරාර්ය සත්‍යාවබෝධයට ධර්ම දේශනා....

නුවණ වැඩීමට පිළියමක්...

අලුත් දහම් වැඩසටහන

4

පූජ්‍ය කිරිබත්ගොඩ ඤාණානන්ද ස්වාමීන් වහන්සේ
විසින් පොල්ගහවෙල මහමෙව්නාව භාවනා අසපුවේ අලුත් දහම්
වැඩසටහනේ දී සිදු කළ ධර්ම දේශනා ඇසුරිනි.

මහාමේඝ
MAHAMEGHA

ප්‍රකාශනයකි

පෙළගැස්ම....

01. උදේ වරුවේ ධර්ම දේශනාව   05

02. සවස් වරුවේ ධර්ම දේශනාව   45

නමෝ තස්ස භගවතෝ අරහතෝ සම්මාසම්බුද්ධස්ස
ඒ භාග්‍යවත් අර්හත් සම්මා සම්බුදුරජාණන් වහන්සේට නමස්කාර වේවා!

උදේ වරුවේ ධර්ම දේශනය...

ශ්‍රද්ධාවන්ත පින්වත්නි,

කලින් අපට ඉගෙන ගන්න ලැබුනා බුදුරජාණන් වහන්සේගේ දසබල බුදු නුවණ ගැනත්, ඒ බුදුරජාණන් වහන්සේගේ විශාරද ඥාණ ගැනත්. එතකොට අපි බුද්ධං සරණං ගච්ඡාමි කියලා සරණ ගියේ සාමාන්‍ය ලෝකෙ සම්මත, ලෝකය ගැන එක එක තපස් ක්‍රම වලින් දැනගත්තු ඍෂිවරු වගේ කෙනෙක් නෙමෙයි. බුදුරජාණන් වහන්සේටත් ඍෂි කියලා කියනවා. රහතන් වහන්සේලාටත් ඍෂි කියලා කියනවා. බුදුරජාණන් වහන්සේට ඒ කාලේ රහතන් වහන්සේලා වදාළේ හත්වෙනි ඍෂිවරයා කියලා. ඒ කියන්නේ එහෙනම් ඊට කලිනුත් ඍෂිවරු ඉඳලා තියෙනවා. ඒ කවුද? විපස්සී, සිඛී, වෙස්සභූ, කකුසඳ, කෝණාගමන, කාශ්‍යප කියන මේ ඍෂිවරු හය දෙනා. අපේ ශාස්තෘන් වහන්සේ තමයි හත්වෙනි ඍෂීන් වහන්සේ.

ධර්මයෙන් නිර්මිත උත්තමයෙක්....

ඒ අපි සරණ ගිය අපේ ශාස්තෘන් වහන්සේ නිකම්ම නිකම් කෙනෙක් නෙමෙයි. තමන්ගේ ම උත්සාහයෙන් රාග, ද්වේශ, මෝහාදී කෙලෙස් ප්‍රහාණය කරලා, ධර්මය තුළින් ශාස්තෘත්වයට පත්වූ කෙනෙක්. ධර්මය තුළින් ඉස්මතු වූ කෙනෙක්. ධර්මය තමන්වහන්සේ තුළින් අවබෝධ කරගත්තු, ධර්මයෙන්ම බිහිවූ කෙනෙක්. ඒ දසබල ඤාණයන් අපි මුලින් කියාදුන්නා. ඒ දසබල ඤාණ අපි කියාදුන්නේ හිත පහදවාගන්නයි. අපි සරණ ගියේ මෙබඳු කෙනෙක්ය කියලා දැනගන්නයි. අරහත් ආදී නව ගුණයෙන් හෙබි, දසබල ඤාණයන්ගෙන් හෙබි, විශාරද ඤාණයන්ගෙන් හෙබි, බුදු කෙනෙක් තමයි මීට අවුරුදු දෙදාස් ගාණකට කලින් ලෝකයේ පහළ වෙලා විමුක්ති මාර්ගය, නිවන් මග දේශනා කළේ.

ජාතියකින් ජාතියකට වෙනස් නොවන සත්‍යය....

ඒ බුදුරජාණන් වහන්සේ දේශනා කරපු ඒ ධර්මය මේ අඩමානෙට කියාපු දේවල් නෙමෙයි. සාමාන්‍ය ලෝකයා කියන දේවල් කලින් කලට වෙනස් වෙනවා. ඒවායේ වටිනාකම කලින් කලට නැතුව යනවා. නමුත් බුදුරජාණන් වහන්සේ අවබෝධ කරන්න ඕනෙයි කියලා දුක කියලා යමක් දේශනා කළාද, ඒක රටකින් රටකට වෙනස් වුනේ නෑ. ඒක ජාතියකින් ජාතියකට වෙනස් වුනේ නෑ. ආගමකින් ආගමකට වෙනස් වුනේ නෑ. භාෂාව මාරුකළා කියලා වෙනස් වුනේ නෑ. දුප්පත් පෝසත් කියලා වෙනස් වුනේ නෑ. දුක දුකමයි. එදත්

උන්වහන්සේ දුක කියලා යමක් දේශනා කළාද, අදත් ඒ දුකමයි. හෙටත් ඒ දුකමයි.

ඇයි ආර්ය සත්‍යය කියලා කියන්නේ....?

ඊළඟට බුදුරජාණන් වහන්සේ මේ දුක හටගන්නේ, දුක උපද්දවන්නේ මේ මේ දෙයින් කියලා උන්වහන්සේ වදාළාද, ඒවා වර්තමානයේ අපි ජීවත් වෙන කාලයේ අපි කොච්චර අලුත් වෙන්න හැදුවත් දුක හටගන්න හේතුව ඒකමයි. ඒක වෙනස් වෙන්නෙ නෑ. ඊළඟට උන්වහන්සේ එදා මේ හේතු නැති වීමෙන් දුක නැතිවෙනවා කියලා දේශනා කළාද, ඒක කවදත් හේතුව නැති වුනොත් දුක නැති වෙනවා. ඒ දුක නැතිවීම පිණිස පවතින මාර්ගයක් උන්වහන්සේ දේශනා කළාද, ඒක අපි අලුත් වුනාය අලුත් ලෝකෙක ඉන්නේය කියලා ඒ මාර්ගය කෙටි වෙන්නෙත් නෑ. දික් වෙන්නෙත් නෑ.

එතකොට ඒ උන්වහන්සේ දේශනා කරපු දේ කාලයකට වලංගු නැති නිසා, ඊළඟට දේශයකට, එහෙම නැත්නම් ජනකායකට සීමා නොවන නිසා ඒ සත්‍යයට කියනවා ආර්ය සත්‍යය කියලා. එතකොට ඒ ආර්ය සත්‍යය අවබෝධ කරගන්න තමයි අපි උන්වහන්සේව සරණ යන්නේ. උන්වහන්සේව සරණ යන්න කලින් සාමාන්‍යයෙන් අපි මේ ලෝකෙ පේන දේවල් තමයි සරණ යන්නේ. ලෝකයේ පේන්න තියෙන නොයේක් දේවල් තියෙනවා. නොයේක් මතවාද තියෙනවා. නොයෙක් විශ්වාස තියෙනවා. ඒවා තමයි සාමාන්‍යයෙන් සරණ යන්නේ.

සිව්වණක් පිරිස....

එතකොට මෙයින් වෙනස් වූ දෙයක් ඒ බුදුරජාණන් වහන්සේ ආර්ය සත්‍යය කියලා දේශනා කරද්දී, ඒ ධර්මයට සවන් දෙන අය බුදුරජාණන් වහන්සේව, ධර්මය, ශ්‍රාවක සංඝයාව සරණ යනවා. ඒ සරණ ගිය අයගෙන් කොටසක් ගිහි ජීවිතය අත්හැරලා භාග්‍යවතුන් වහන්සේගේ පැවිදි ශ්‍රාවකයෝ වෙනවා. භික්ෂූන් වෙනවා. ස්ත්‍රී පක්ෂය භික්ෂුණීන් වෙනවා. ගිහි ජීවිතය ගත කරන පුරුෂ පක්ෂය උපාසකවරු වෙනවා. ස්ත්‍රී පක්ෂය උපාසිකාවරු වෙනවා. එතකොට මේ පිරිසට අපි කියනවා සිව්වණක් පිරිස කියලා. භික්ෂු, භික්ෂුණී, උපාසක, උපාසිකා.

දැන් අපි මේ සිව්වණක් පිරිසක් හැටියට බුදුරජාණන් වහන්සේ සරණ ගියාට අපි එක එක්කෙනාට තමයි සරණ පිහිටන්නේ. කණ්ඩායමකට නෙමෙයි. එක එක්කෙනාට පිහිටන දේ තමයි පොදු වශයෙන් අපි කියන්නේ. එතකොට අපි සරණ ගියේ මොකේටද? ඒ බුදුරජාණන් වහන්සේගේ චතුරාර්ය සත්‍යය ධර්මය අවබෝධ කරගැනිල්ල තමයි අපිට තියෙන පිහිට කියලා හිතාගෙන.

සරසවි වරම්....

ඒ විදිහට සරණ ගිහින් අපි යමක් බලාපොරොත්තු වෙනවද ඒක ඉෂ්ට කරගන්න බැරුව අතරමගදි නොයෙක් කඩාකප්පල්වීම් වෙන්න බැරිද? වෙන්න පුළුවන්. ඔන්න ළමයෙක් විශ්ව විද්‍යාලෙ යනවා. ඉතින් විශ්ව විද්‍යාලෙ යන්න ඉස්සර වෙලා පාඩම් කර කර ගොඩාක් මහන්සි වෙලා ඔන්න සාමාන්‍ය පෙළ ලියනවා. ලියලා ඊට

පස්සේ ඔන්න උසස් පෙළත් ලියනවා. උසස් පෙළ ලියද්දි මොකක්ද එයාගේ තියෙන ස්වප්නෙ? මම කොහෝම හරි මේ විභාගෙ පාස් වෙලා (සරසවි වරම් කියලනෙ ඒකට කියන්නේ) සරසවි වරම් ගන්න ඕනෙ කියලා.

ගියාට පස්සේ ඒක මතකද? නෑ. විශ්ව විද්‍යාලෙ ගියාට පස්සේ නොයේක් අලකලංචි. නොයේක් හුටපට. අර උසස් පෙළ විභාගෙ කරද්දි නිදි මරාගෙන, නොකා නොබී, වතුර බේසමේ කකුල් දාගෙන, පාඩම් කරලා කරලා පාස් වෙලා, ඔන්න විශ්ව විද්‍යාලෙටත් යාගත්තා. ගිහින් ටික දවසයි. මතක නෑ තමන් ආවේ මොකටද කියලා. ඊට පස්සේ මොකද වෙන්නේ? අර කණ්ඩායමට එක්කහු වෙලා නොයේක් මාර්ගවල යනවා.

තමන් ආපු ගමන මතකයේ තියෙන්න ඕනෙ....

ඔය අතරේ එක්කෙනෙක් දෙන්නෙක් කල්පනා කරනවා අනේ අපි බොහොම දුකසේ මේ ඉගෙන ගත්තේ. මට මතකයි මං විශ්ව විද්‍යාලෙ යන කාලේ අපේ පන්තියේ හිටපු එක ගෑණු ළමයෙක් අපිත් එක්ක කියනවා "අනේ හාමුදුරුවනේ, මට නම් ඕවට සම්බන්ධ වෙන්න බෑ. මගේ මල්ලි දර පලලා දර විකුණලයි මට මේ වියදම් කරන්නේ" කියලා. බලන්න ඒවා මතකයේ තිබුන නිසා ඒ කෙනා බොහොම දියුණුවට ගියා.

එතකොට ඒ විදිහට අපිට තමන් උන්න තැන, තමන් ආපු ගමන මතක් වෙන්න ඕනෙ. ඒ මතක් වීම තමයි තමන්ව රකින්නේ. දැන් අපි මෙහෙම කියමු. ඔන්න 'අනේ මාත් බණ අහන්න ඕනෙ' කියලා කෙනෙක්

එනවා. පහදිනවා. ඔන්න සමිතියක තනතුරක් ලැබෙනවා. වගකීමක් ලැබෙනවා. මතක නෑ ඊට පස්සේ ආපු ගමන. තමන් ආවේ මොකටද කියලා මතක නැති වෙනවා. ඊට පස්සේ තනතුරු තාන්න මාන්නත් එක්ක ඒවට ආස කරලා ඒකත් එක්ක එයාගේ ජීවිතය පැටලෙනවා. කෙනෙකුට එහෙම වෙන්න බැරිද? එවෙලෙ ඉඳලා ධර්මය වැඩ කරන්නෙ නෑ ජීවිතයට. ධර්මයෙන් බැහැරයි.

මැද පෙරදිග යන සමහරුන්ට වෙන දේ....

තව කොටසක් බොහොම දුකසේ බොහොම මහන්සි වෙලා පිටරට යනවා. අපි හිතමු මැද පෙරදිග යනවා කියලා අම්මා කෙනෙක්. 'අනේ ළමයිවත් ආරක්ෂා කරගෙන, මගේ මේ ගේ දොරත් රැකගෙන, දියුණුවක් ලබන්න ඕනේ' කියලා මැද පෙරදිග යනවා. ගිහින් මාසයයි දෙකයි. ඔන්න මොකක් හරි කුණු ගොඩක් සෙට් කරගන්නවා. දරුවෝ බලන් ඉන්නවා කීයක් හරි එවනකම්. අවුරුදු දෙකක් තුනක් ඉඳලා ඔන්න අම්මා එනවා කියලා ආරංචි වෙනවා. ඔන්න ඊට පස්සේ ආරංචි වෙනවා අම්මා වෙන කොහෙද ගිහිල්ලා පදිංචි වෙලා කියලා. වෙනවද නැද්ද මේවා?

ඒ වගේ තමයි මේ තිසරණයට ආපු අයටත්. ආපු ගමන මතක නැතුව යනවා. පැවිදි වුනාට පස්සෙත් තමන් පැවිදි වුනේ ඇයි කියලා සමහරුන්ට අමතක වෙනවා. පැවිදි වෙච්ච කාරණේ පැත්තක. වෙන වෙන දේවල් තමයි ඊට පස්සේ කරන්නේ. මේ වගේ සුළු දේකින් පවා ධර්මය අහිමි වෙන්න ඉඩකඩ තියෙනවා. බුදුරජාණන් වහන්සේගේ කාලෙත් එහෙම හරි අපූරු සිද්ධියක් වුනා.

පැවිදි වුන අයටත් ආපු කාරණය අමතක වෙනවා....

ඒ කාලේ බුදුරජාණන් වහන්සේ භද්දිය කියන නගරයේ ජාතියා කියන වනාන්තරයේ වැඩසිටියේ. ඒ කාලයේ තරුණ පිරිසක් නිතර නිතර බණ අහන්න ආවා. අහලා පැහැදුනා. එතකොට පැහැදුනේ මොකේටද? ධර්මයට. ඒ ධර්මයෙන් කියවුනේ මොකක්ද? චතුරාර්ය සත්‍යය. පැහැදිලා බොහෝම ශ්‍රද්ධාවෙන් මහණ වුනා. දැන් ඔහොම ඉන්නකොට ඤාති කෙනෙක් එක භික්ෂුවකට ලස්සන සෙරෙප්පු ජෝඩුවක් පූජා කළා.

ඒ කාලේ මෙච්චර විලාසිතා නෑ. නමුත් සෙරෙප්පු තිබුනා බුබුස් කියන තණකොළ වර්ගයෙන් අඹරලා හදාපු සෙරෙප්පු. ඊළඟට මුඤ්ජ කියන තණකොළ වර්ගයෙන් අඹරලා හදාපු සෙරෙප්පු. කිතුල් කෙඳි වලින් හදාපු සෙරෙප්පු. ඒ කාලේ හැටියට හරි ස්ටයිලිෂ් ඒවා තමයි ඒ. එතකොට ඒ සෙරෙප්පු දෙක දාගෙන දැන් අර ස්වාමීන් වහන්සේ හැඩට ඇවිදිනවා.

පාවහන් විලාසිතා....

එතකොට අනිත් අය 'ෂා... කොහෙන්ද මේ සෙරෙප්පු දෙක?' කියලා ඇහුවා. 'අපේ අසවලා පූජ කළේ' කියලා කිව්වා. ඔන්න ගෙවල් වලට ඒගොල්ලොත් පණිවිඩ ඇරියා 'අම්මා... අපටත් සෙරෙප්පු පූජා කරන්න' කියලා. ඉතින් ගෙවල් වලින් මොකද කළේ, මහණ වෙච්ච තමන්ගේ පුතාට නැත්නම් ඤාතිවරයාට එක එක ජාතියේ සෙරෙප්පු පූජා කළා. මේගොල්ලෝ ඒ සෙරෙප්පු දාගෙන එකතු වෙච්ච වෙලාවට කතා කරන්නෙත් සෙරෙප්පු

ගැන. තව කෙනෙක් දාගෙන ඉන්න සෙරෙප්පුව අතට අරගෙන 'ෂා... හරි හොඳයිනෙ. කීයක් වුනාද මේක?' ඊට පස්සේ අනිත් එක්කෙනා 'හා... ඔයාගේ සෙරෙප්පු දෙක කොහොමද?' කියලා බලනවා.

එතකොට මේ පිරිස මුණ ගැහුනු වෙලාවට කතා කරන්නේ මොකක් ගැනද? සෙරෙප්පු ගැන. ඊළඟට යාළුවන්ට පණිවිඩ අරිනවා 'අලුත් ස්ටයිල් මොනවාද සෙරෙප්පු වල?' ඉතින් යාළුවෝ ඉන්නවනෙ තරුණ වයසේ කොල්ලෝ. ඒගොල්ලෝ මොකද කරන්නේ, අලුතෙන් ආවා නම් අලුත් සෙරෙප්පු ජෝඩුවක් තමන්ගේ හිතවත් ස්වාමීන් වහන්සේට ගිහිල්ලා පූජා කරනවා.

ධර්මයට සම්බන්ධ නොවන දෙයක් සමග පැටලීම....

දැන් මේ හොරෙන් සිද්ධ වෙන වැඩසටහන. මහණ වුනේ මොකේටද? චතුරාර්ය සත්‍යය අවබෝධ කරගන්න ඕනෙ කියලා. දැන් අතරමං වෙලා ඉන්නේ මොන ගොඩේද? සෙරෙප්පු ගොඩේ. ධර්මයේ හැසිරෙන ධර්මය තුළ ඉන්න භික්ෂූන් වහන්සේලා වැඩහිටියා. උන්වහන්සේලාට මේක මහ හිරිකිතේට පෙනුනා. 'මේ මොකදෑ මේ වුනේ? කොච්චර ශ්‍රද්ධාවෙන්ද මේ තරුණ පිරිස පැවිදි වුනේ? දැන් මේ සෙරෙප්පු බදාගෙන ඉන්නවා' බුදුරජාණන් වහන්සේ ළඟට මේ භික්ෂූන් වහන්සේලාව යමං යමං කියලා අකමැත්තෙන් එක්කගෙන ගියා. දැන් බලන්න ඉස්සෙල්ලා කැමැත්තෙන් ආවා. කැමැත්තෙන් පැවිදි වුනා. දැන් බුදුරජාණන් වහන්සේව මුණ ගැහෙන්නත් අකමැතියි. මොකක්ද මේ වෙච්ච හානිය?

ධර්මයට සම්බන්ධ නැති දෙයකට තමන් පැටලීම. මේ පැටලුනේ ධර්මය අවබෝධ කරන්න පින නැති අය නෙමෙයි.

ගොඩාක් දේවල් අතඇරලා ඇයි සුළු දේකට අහුවෙන්නේ...!

බුදුරජාණන් වහන්සේ වදාළා "දැන් බලන්න මහණෙනි, ඔබ චතුරාර්ය සත්‍යය අවබෝධ කරන්න හිතාගෙන මව්පියන්ව අත්හැරියා. සොයුරු සොයුරියන් අත්හැරියා. යාළු මිතුරන් අත්හැරියා. ඥාතීන් අත්හැරියා. ගෙදර ඉන්දෙද්දී ඕන වෙලාවක ඕන දෙයක් හදාගෙන කන්න බොන්න පුළුවන්කම තිබුනා. ඒකත් අත්හැරියා. ලස්සනට ඇඳුම් පැළඳුම් අඳින්න පුළුවන්කම තිබුනා. ඒකත් අත්හැරියා. මේ සෑම දෙයක්ම අත්හැරියේ මේ අති බිහිසුනු සංසාරෙන් එතෙර වෙන්න. එහෙම අත්හැරලා ඔබ දැන් තමන්ට කිසිසේත්ම උපකාරී වෙන්නෙ නැති, තමන්ගේ ධර්ම මාර්ගයට කිසිම පිහිටක් නැති දේක පැටලුනා. ඔබ දැන්වත් ඔය සෙරෙප්පු වලින් නිදහස් වෙන්න කියලා" කිව්වා.

ඇත්ත කිව්වහම ගැටෙන්නේ ඇතුල හිස් නිසා....

මෙන්න හොඳට මතක තියාගන්න ඕන කාරණයක්. අනුන්ගේ ධර්ම මාර්ගය නෙමෙයි මේකේ වැදගත් වෙන්නේ. තමන් යන මාර්ගයට මේකෙන් හානි වුනාද කියලා. ඒ භික්ෂූන් වහන්සේලාට එක පාරටම සිහි උපන්නා. අන්න වෙනස. මොකක්ද වෙනස? කොරෝධෙ හටගත්තෙ නෑ. තරහ හටගත්තෙ නෑ. සාමාන්‍යයෙන්

කෙලෙස් සහිත පුද්ගලයන්ට වෙන්නේ ඇත්ත කිච්චහම ගැටෙනවා. ගැටිලා ද්වේශයක් හටගන්නවා. එවෙලේ ඉඳලා අකුසල් වැඩ කරන්නෙ හිතේ. පිහිටක් නෑ.

ඇත්ත කිච්චහම ගැටෙන්නෙ නැත්තේ ඊට වඩා දෙයක් ඔහු තුළ තියෙන නිසා. සාමාන්‍යයෙන් යම්කිසි දෙයක් කිච්චහම ඒකට එක පාරට හිත ගැටිලා අවුල් වෙනවා නම් ඒකේ තේරුම ඇතුල හිස්. ඇතුල හිස් නැත්නම් එකපාරට ගැටෙන්නෙ නැතුව එයා ඒකේ අර්ථය, කාරණය තේරුම් ගන්නවා. එතකොට මේ භික්ෂූන් වහන්සේලා කියපු ගමන් ඒ කාරණය තේරුම් ගත්තා.

සුභාෂිත සදහම් පද....

ඊට පස්සේ දසබලධාරී බුදුරජාණන් වහන්සේ ලස්සන ගාථා දෙකක් දේශනා කළා.

"යං හි කිච්චං තදපවිද්ධං - අකිච්චං පන කයිරති
උන්නලානං පමත්තානං - තේසං වඩ්ඪන්ති ආසවා"

තමා කළයුතු යමක් ඇත්නම් (ඒ කියන්නේ ධර්මය තුළ කළයුතු යමක් ඇත්ද) එයම අත්හැර දමා ඇත්තේ. තමන් යම් ඉලක්කයකට ආවද ඒක අත්හැරලා නොකළ යුතු දේමයි කරන්නේ. මානයෙන් ඉහළින් සිතාගෙන. තමන් ගැන මාන්නෙන් හිතට අරගෙන ඒක කරන්නේ. පමාවෙන් කල් ගෙවයි නම් ප්‍රමාදයෙන් නම් එයා වාසය කරන්නේ ඔවුන් තුළ කෙලෙස් මයි වැඩෙන්නේ. වැඩෙන්නේ මොනවද? කෙලෙස් වැඩෙන්නේ.

ඊළඟට දෙවෙනි ගාථාවෙන් කියවෙනවා,

"යේසං ච සුසමාරද්ධා - නිච්චං කායගතාසති
අකිච්චං තේ න සේවන්ති - කිච්චේ සාතච්චකාරිනෝ
සතානං සම්පජානානං - අත්ථං ගච්ඡන්ති ආසවා"

කය අනුව ගිය සිහිය නිතරම අන්න කළයුතු දේ. තමන්ගේ කය අනුව ගිය සිහිය නිතරම යමෙකු තුළ මැනවින් වැඩෙයි නම් - නොකළ යුතු දේ ඔවුන් නොකරති - කළයුතු ම දේ කරයි නිතරම - හොඳ සිහිය හා නුවණ ඇති විට - ඔවුන්ගේ කෙලෙසුන් නැසෙත්මයි. එදා ඒ දේශනාවේ බුදුරජාණන් වහන්සේ වදාළ කරුණ කොච්චර සාර්ථකද කියන්නේ අර භික්ෂූන් වහන්සේලා සෙරෙප්පු ගලවලා වීසි කළා. සිහිය පිහිටියා. රහතන් වහන්සේලා බවට පත්වුනා.

මෙකල මිනිසුන්ගේ ස්වභාවය....

එතකොට ඒ කාලේ බහුල වශයෙන් හිටිය මිනිස්සුන්ගේ ස්වභාවය තේරුම් ගන්න අපිට මේක උදව් වෙනවා. මොකක්ද ඒ? ඒගොල්ලන්ටත් තමන්ගේ ජීවිතයේ අවුල් වෙන දේවල් තමන් තුළ තිබුනා. තමන්ගේ ජීවිතය අර්බුදයක් කරා ගෙනයන දේවල් තමන් තුළ තිබුනා. ඒ වගේම තමන්ව අවබෝධය කරා ගෙන යන දේත් තමන් තුළ තිබුනා. මේ කාලේ? තමන්ව අවුල් කරන දේවල් තමන් තුළ තියෙනවා. අවබෝධ කරන දේවල් නැතෙයි කිව්වට කමක් නෑ.

මොකද අවබෝධ කරන දේවල් තිබුනා නම් ඒක ඉස්මතු වෙන්න එපායැ. ඒක ඉස්මතු වෙන්නේ නැත්නම් අවබෝධ කරන දේවල් තිබුනා කියල කියන්න බෑ. දැන් මේකෙන් අපට පේනවා මේ ලෝකයේ ඇතැම් චරිත ඒ

කියන්නේ සමහර අය ඉන්නවා ඒගොල්ලන්ගේ ජීවිතය තුළ අවබෝධ කරන්න ඕන දේවල් මොකුත් නෑ. වේලිච්ච දර ගොඩක් තියෙනවා කියල කියමු ගින්නක් අවුලවන්න. වේලිච්ච දර ගොඩක් තිබුන පමණින් ගින්න ඇවිලෙයිද? නෑ. ගින්න අවුලවගන්න යම්කිසි දෙයක් ඕනෙ.

ගිනි කූරයි ගිනි පෙට්ටියයි....

අපි කියමු තියෙනවා ගිනි කූරකුයි ගිනි පෙට්ටියකුයි. තමන් ළඟ ගිනි කූරකුයි ගිනි පෙට්ටියකුයි තියෙනවා නම් ඒ ගිනි කූර ගිනි පෙට්ටියේ අතුල්ලපු ගමන් ගින්න එනවා. ඒ ගින්නෙන් අර දරගොඩ අවුලවගන්නත් පුළුවන්. තමන් ළඟ ගිනි කූරයි ගිනි පෙට්ටියයි නැත්නම් දරගොඩ ළඟ වටේ ඉඳලා මං මේක කොහොම හරි අවුලවගන්නවා. කොහොමහරි අවුලවගන්නවා කියලා කොහොම හරි අවුලවගන්න පුළුවන්ද? බෑ.

ආන්න ඒ වගේ තමයි වර්තමානයේ මිනිස්සු. කොහොම හරි අවුලව ගන්න බෑ ඒක. ඒකට තමන් ළඟ තියෙන්න ඕනෙ අවුලව ගන්න දේ. ඒකට තමයි ප්‍රඥාව කියලා කියන්නේ. තමන් ගාව ප්‍රඥාව නැත්නම් ධර්මය ඇහෙනවා. ඇහෙන ධර්මය මතකයට යනවා. සමහරවිට මතකයට යනවා, සමහර විට මතකයට යන්නෙත් නෑ. එතකොට ඒක ගලප ගන්නත් බෑ. ගලපගන්න බැරි ඇයි? ගිනිකූරත් නෑ ගිනි පෙට්ටියත් නෑ.

මේක තේරුම් ගන්න සෑහෙන කලක් ගත වුනා....

දර ගොඩකුත් තියෙනවා නම් ගිනිකූරයි ගිනි පෙට්ටියකුයි නැත්නම් ඒ කෙනා මොකක්ද කරන්න

ඕනෙ? ගිනි කූරකුයි ගිනි පෙට්ටියකුයි ලබාගැනීමයි. තමන් ළඟ තියෙනවා කියලා හිතාගත්තට ඒක නැත්නම් ඒක වෙන්නෙ නෑ. බුදුරජාණන් වහන්සේගේ කාලයේ ගොඩාක් මිනිස්සු ළඟ ගිනි කූරයි ගිනි පෙට්ටියයි තිබුනා. එතකොට ඒ ධර්මය ඇහෙන කොට දැන් එයා දන්නේ නෑ තමන් ළඟ ගිනි කූරයි ගිනි පෙට්ටියයි තියෙනවා කියලා, එයා අතට අරන් අතුල්ලපු ගමන් ඇවිලෙනවා. එතකම් අඳුරේ හිටියේ. නමුත් එයා ළඟ තිබුනා අවුලව ගන්න ඕන දේ. මේ කාලයේ මිනිස්සුන්ට ඒක නෑ. ඒක අපිට තේරුම් ගන්නත් සෑහෙන කලක් ගියා. අපි කියමු ගිනි කූරයි ගිනි පෙට්ටියයි නෑ. එතකොට ගිනි අවුලව ගන්න බෑ. එහෙනම් ඉන්න තියෙන්නේ එළියෙද අඳුරෙද? අන්ධකාරේ. ඔය එක කොටසක්.

අවබෝධය කියන්නේ හුවාදක්වන එකක් නෙමෙයි....

බුදුරජාණන් වහන්සේගේ කාලේ ප්‍රඥාව දල්වග න්න පුළුවන් මිනිස්සු හිටියා. ඒගොල්ලෝ තමයි සෝවාන් වුනේ. සකදාගාමී වුනේ. අනාගාමී වුනේ. රහත් වුනේ. තව මිනිස්සු කොටසක් හිටියා ගිනි කූරු ගිනි පෙට්ටි නැති. ගිනි කූරයි ගිනි පෙට්ටියයි කියලා මං මොකක්ද කිව්වේ? ප්‍රඥාවන්තකම. ප්‍රඥාවන්තකම නැති මිනිස්සුත් හිටියා. ප්‍රඥාවන්ත කෙනාට ඒ අවබෝධය ඉක්මනින් සිද්ධ වෙනවා. ඒ කියන්නේ දැල්වෙන දේ එකතු වුනාම දැල්වෙන එක ස්වභාව සිද්ධියක්.

අවබෝධය කියන්නේ රඟපාන එකක් හෝ හුවාදක්වන එකක් නෙමෙයි. අවබෝධය කියලා කියන්නේ ජීවිතය පිළිබඳ අර්ථය පසක් කිරීම. ජීවිතය පිළිබඳ අර්ථය

ස්පර්ශ කළොත් එයත් එක්ක ඒ ජීවිත අර්ථය තියෙනවා. ජීවිත අර්ථය තියෙනවා නම් එයාට අවබෝධය කියන එකේ ඵකවරණය හැම තිස්සෙම එනවා. ඉතින් මේ කාලේ මනුෂ්‍යයන්ට ඒක නෑ. එහෙනම් මනුස්සයන්ට උවමනාම කරන කොටස නෑ. ඒ උවමනාම කරන කොටස බුද්ධ කාලේ මිනිස්සුන්ට තිබුනා.

එකල සිටි වාසනාවන්ත මිනිස්සු....

මං ඉස්සර කල්පනා කළා මොකක්ද මේ වුනේ? කියලා. ඒ කියන්නේ මේ කියන දහම් කතාවම, මේ කියන පටිච්ච සමුප්පාදයම, මේ කියන චතුරාර්ය සත්‍යයම, මේ සියල්ල ඒ කාලේ මිනිස්සු ඇහුවා. දැන් වගේ මහා දැන උගත් කොලීජි වලට ගියපු අය නෙමෙයි. ඒ කාලේ දර කඩාපු මිනිස්සු, දැන් බලන්න හිතලා උපක ආජීවක. බුදුරජාණන් වහන්සේ බරණැසට වඩිද්දි උපක දැක්කා බුදුරජාණන් වහන්සේව.

දැකලා කිව්වා "හරි ලස්සනයි නොවැ තමුන්නාන්සේ. තමුන්නාන්සේගේ ඉඳුරන් හරී ප්‍රසන්නයි. තමුන්නාන්සේ ශාන්ත ස්වභාවයකින් ඉන්නවා වගේ පේනවා. තමුන්නාන්සේගේ ගුරුවරයා කවුද?" එතකොට බුදුරජාණන් වහන්සේ මොකක්ද වදාළේ? "උපක මට ගුරුවරයෙක් නෑ. මං මේ ධර්මය අවබෝධ කළේ තනියම. මම මේ රාග, ද්වේශ, මෝහ නැති කළා" එතකොට අහනවා "ඒ කියන්නේ ඔබවහන්සේ (අනන්තජින) අනන්තයට ම දින්නද?" කියලා ඇහුවා. "අනන්තජින කියන්න පුළුවන් මට" කිව්වා.

මෙයාගේ හිතට මේක ගියා....

එයා ගාව ගිනි පෙට්ටිය තියෙනවා. ගිනිකූර තියෙනවා. ඒක ඇතිල්ලුනේ නෑ. එහෙම්ම ම කැලේ ගියා. වැදි ගම්මානෙකට ගිහිල්ලා ඒ වැද්දන්ගේ රැලේ නායකයා හම්බ වුනා. 'මං මේ කැලේ ඉන්න කැමතියි ගල්ලෙනේ තපස් කොරන්න' 'හා... ඉන්න. මං හැමදෑම ඔහේට බත් ගෙඩියක් ගෙනත් දෙන්නම්' කිව්වා. ඊට පස්සේ වැද්දා පිරිසත් එක්ක වෙන කැලෑවකට දඩයම් ගියා. යන්න කලින් දවසේ කිව්වා 'දැන් ගෙනත් දෙන්න විදිහක් නෑ. තාපසින් වහන්සේ අපේ පැල්කොටේට වඩින්න. මං හාමිනේට කියලා තියෙන්නේ බත් ගෙඩියක් ලෑස්ති කොරලා දෙන්න කියලා'

තවුසගෙ දැහැන් බිඳුනා....

උපක ආජීවක උදේ ගියා පැල් කොටේට බත් ගෙඩිය ගන්න. හාමිනේ කිව්වා කෙලීට. 'කෙල්ලේ චාපා... අර බත් ගෙඩිය ඇන්න වරෙං. තාපසීන් වහන්සේ වැඩලා ඉන්නවා' චාපා බත්ගෙඩියත් අරගෙන පැල් කොටෙන් එළියට ආවා. උපක දැක්කෙ කොහොමද? වළාකුළෙන් විදුලියක් ආවා වගේ. මිදුල් පොජ්ජ දිලිසුනා වගේ. කෙල්ල දැක්කා විතරයි උපකගේ තපස් සුන්නද්දූලි වුනා.

ඊට පස්සේ බොහෝම අමාරුවෙන් හිත හදාගෙන අර බත් ගෙඩිය අරගෙන ඉතින් දැන් කෙදිරි ගගා කන්ද නැග්ගා. බත් ගෙඩිය වීසි කළා. 'මට ඕන නෑ බත්... මං මොකටෙයි තනි පංගලමේ ඉන්නේ... මොකටෙයි මං මේ කැලේ ඉන්නේ...' දැන් හැම තැනම මැවි මැවී පෙන්නේ

කාවද? චාපා. වැදි කෙල්ල. දැන් අන්තිමට නොකා නොබී ඉන්නවා උපක. මේ ධර්මය අවබෝධ කරන්න පින තියෙන එක්කෙනා. නොකා නොබී ඉන්නවා වැටිලා.

දූ සිඟිත්ත ලැබුනොත් මං ජීවත් වෙනවා....

වැදි නායකයා ගෙදර ඇවිල්ලා ඇහුවා. 'තාපසීන් වහන්සේ ආවද?' 'එක වංගියක් නම් ආවා' කිව්වා. 'ඊට පස්සේ...?' 'වෙච්ච දෙයක් නෑ...' කිව්වා. බලන්න ගියා තාපසීන් වහන්සේව. බලන්න ගියාම මෙන්න හතර ගාතේ දාලා වැටිලා ඉන්නවා. ඇඟට පණ නෑ. ඊට පස්සේ මෙයා ගිහිල්ලා වතුර වක්කරලා කටට යන්තම් පණ ගත්තා. 'කියාපං තාපසයෝ... මොකද වුනේ...? කියලා ඇහුවා.

'මට නම් වෙච්ච දේ කියන්න බෑ කටක් ඇරලා... මං යනවා වලපල්ලට... මට මැරෙන එක හරී සනීපයි ඉන්නවාට වඩා...' කිව්වා. ඉතින් ඇහුවා 'ඇයි මොකද වුනේ... උඹ භය වුනාද...? අලියා දැක්කද...? වළහා පැන්නද...? මොකද වුනේ කියලා ඇහුවා උඹට. මට එහෙම මොකවත් වුනේ නෑ කිව්වා. මගේ මොලදණ්ඩ කුලප්පු වුනා කිව්වා උඹේ දූ නිසා. දූ සිඟිත්ත ලැබුනොත් මං ජීවත් වෙනවා. නැත්නම් මං මෙහෙමම වලපල්ලට යනවා කිව්වා.

බන්දලා දුන්නා....

දැන් උපක මොකද කරන්නේ, දඩයම්කාරයා පිටිපස්සේ ගිහිල්ලා දඩයම් කරන මස් ටික කරේ තියං එනවා. දැන් මේ පවුලට දරුවෙකුත් උපන්නා. දැන් මේ කුලෑටි සැමියා ඇයි තාපසයා නොවැ. අර දඩයම්කාරයන්ගේ තියෙන ගොරෝසු ගති නෑ. උපක

දකිනකොට අර චාපා හින්ටි පාස් කර කර තමයි ළමයා නළවන්නේ. 'තාපසයගෙ පැටියෝ... බුදියගං.... උඹටත් බත් ගෙඩියක් ඕනෙද...?' ඔහොම කිය කිය නළවනකොට අන්න මතුවුනා කාමයේ ආදීනව.

මතුවෙලා කිව්වා 'ඈ... චාපා... උඹ තාමත් මට හින්ටි පාස් කරනවා නේද...? මං යනවා මේ නාලා කියන වැදි ගම දාලා. මට උන්වහන්සේව මතක් වෙනවා. (අන්න ගිනි කූරයි ගිනි පෙට්ටියයි තියෙනවා) එදා මං ඇහුවා උන්වහන්සේගෙන්. කවුදෑ තමුන්නාන්සේගේ ගුරුවරයා?' චාපා මේ වැදි කෙල්ල. ඇහුම්කන් දීගෙන ඉන්නවා.

දූපතක් මැද තියෙන මල් පිපිච්ච ලස්සන දෙළුම් ගහ....

දවසක් ඒ චාපා බැඳපු අලුත මෙයාගෙන් චාපා ඇහුවා 'හැබෑටමම ඔය ඇත්තා ඇයි මට මෙච්චර ලෙන්ගතු...?' එතකොට උපක කියනවා 'උඹැහෙ හරී මනස්කාන්තයි. මල් පිපිච්ච දෙළුම් ගහක් වගෙයි. ගඟ මැද්දේ දූපතක් තියෙනවා. ඒ දූපතේ පළොල් ගහක් වගෙයි. උඹැහේ හරී ලස්සනයි' කිව්වා. 'හැබෑට....' කියලා චාපා සතුටු වුනා. දැන් චාපා ඒක ආයෙ මතක් කළා. 'එතකොට කෝ ඔහේගේ දෙළුම් ගහ...? කෝ ඔහේගේ පළොල් ගහ...?'

ඊට පස්සේ කිව්වා (චාපා උපකට කිව්වේ කලූ කියලා) 'කලූ, මමයි අපේ අපුච්චයි පවුලේ අයයි උඹට වසඟ වෙලා ඉන්නේ. දරුවෙක් ඉන්න අප්පා කෙනෙක් ඔහොම කතා කොරන්න වටිනවද දාලා යනවා කියලා...?' එතකොට උපක කියනවා 'මේ... ගෑණියේ, මම යනවා

යන්න මේ නාලා ගම දාලා. උඹේ ඔය වර්ණනාව උඹට ආස කෙනෙකුට නම් මහ විසාල එකක් වගේ පෙනේවි. මට නම් එහෙම නැහැ. මේ ස්ත්‍රී රූපෙ තමයි කැලේ තපස් කොරාපු තාපසීන් වහන්සේලාවත් බැඳලා අල්ල ගත්තේ’

අද කාලේ මෙහෙම සිද්ධියක් වුනොත්...'

එතකොට චාපාට හිතුනා එහෙනම් දැන් මෙයා යන්නයි යන්නේ. ‘එහෙම යන්න දෙන්න බෑ... උඹ යන්න හැදුවොත් මං මේ කොල්ලව පොළවේ ගහනවා. එක්කෝ පොල්ලකින් තලලා මරනවා. මේ කොල්ලට හදි කෙටුවහම උඹේ මොලදණ්ඩ ගිනි ඇවිලිලා ඔහොමම අඬ අඬා හිටීවි’ කිව්වා. එතකොට උපක කිව්වා, ‘මෝඩ ගෑණියේ, ඕවා කියලා මාව නවත්තන්න බෑ. මං යනවා උන්වහන්සේව හොයාගෙන. උන්වහන්සේ නේරංජරා ගං තෙරේ වැඩ ඉන්නවා කියලයි මට ආරංචි’ කිව්වා.

ඊට පස්සේ චාපා උපකට ළං වෙලා කියනවා ‘අනේ ආයෙමත් කියන්ට ඒක. මං හරී ආසයි ඒක අහන්ට’ එතකොට බලන්න දැන් කාලේ ගෑණුන්නෙයි ඒ කාලේ ගෑණුන්නෙයි වෙනස. දැන් කාලේ අලුත බැඳපු ජෝඩුවක් එක්ක ළමයෙක් ඉඳලා පිරිමියා දාලා යන්න ගියොත් ඒ ගෑණිගේ මොලදණ්ඩ ගිනි ඇන්න මොකක් වෙයිද? ළමයත් අරගෙන ශාප කොරාවි නේද? ඇයි හේතුව? ගිනි කුරුත් නෑ. ගිනි පෙට්ටිත් නෑ. දැක්කද වෙනස? ඒ කාලෙත් හිටියා ගිනි කූරු ගිනි පෙට්ටි නැති අය.

මං උන්වහන්සේව සොයාගෙන යනවා....

ඉතින් කියනවා 'ඒ උන්වහන්සේ හරී ලස්සනයි. රත්තරන් පාටයි. ඉඳුරන් ශාන්ත වෙලා. බලාන ඉන්න ආසාවේ බැරුවා. උන්වහන්සේ තමයි ලෝකෙට පිහිට' කිව්වා. දැන් ටික ටික චාපාගේ හිතත් ධර්මයට ආසා වුනා. ඊට පස්සේ චාපා අහනවා 'හැබැට කලූ... උඹැහෙ යන්නෙ කොයි පළාතටද? රජගහට ද...? නැත්නම් ගයාවට ද?' කියලා ඇහුවා. දන්නෙ නෑ කිව්වා. මං යනවා කිව්වා උන්වහන්සේව හොයාගෙන. මං උන්වහන්සේව හොයාගෙන ගිහින් මං උන්වහන්සේගේ සාසනේට ඇතුලු වෙනවා කිව්වා.

තුන්දෙනාම රහත් වුනා....

එතකොට චාපා කියනවා 'එහෙනම් ඔයා ගිහින් ලෝකනාථයන් වහන්සේව පැදකුණු කරලා වන්දනා කරන්න. මාත් කැමතියි උන්වහන්සේගේ රූහේට' බලන්න මේ වැද්දිගේ හිත වෙනස් වෙච්ච තාලේ. මිටින් අත්හැරපු කුරුල්ලෙක් වගේ උපක ගියා. බුදුරජාණන් වහන්සේ ළඟ පැවිදි වුනා. රහත් භික්ෂුවක් වුනා. චාපාට ආරංචි වුනා දැන් තමන්ගේ සැමියා පැවිද්දෙක් කියලා. චාපා ඇඟිලි ගණන් කර කර ඉන්නවා ඒ රූහේට යන්න. කොලුවා ලොකු වුනා. කිව්වා පුතේ යමං ලෝකනාථයන් වහන්සේව බැහැදකින්න. ගියා. චාපා භික්ෂුණියක් වුනා. පුතා භික්ෂූන් අතරට ගියා. ඒ දෙන්නත් රහත් වුනා. අම්මයි අප්පයි කැකුලයි තුන්දෙනාම රහතන් වහන්සේලා වුනා. මෙකල සිහිනෙන් වත් බෑ.

ඒක තමයි මනසේ දියුණුව....

දැන් බලන්න එහෙම කියද්දී අර චාපට පුළුවන් වුනා දුක මැඩගෙන ප්‍රඥාවට ඉඩ දෙන්න. හැඟීම මැඩගෙන නුවණට ඉඩ දෙන්න. අද කාලේ නම් ධර්මයටත් බනියි. ඒ මනුස්සයාටත් ශාප කරයි. ශාස්තෘන් වහන්සේටත් ශාප කරයි. හොඳ පව් ලොට් එකක් රැස්කරගනියි. බලන්න මේ වෙනස. දැන් මුල්ම කාලේ අපිත් ගැඹුරු ධර්මය විස්තර කළා. පටිච්ච සමුප්පාදය විස්තර කළා. කෝ ප්‍රතිඵල? අදත් මේ ලෝකෙ හැමෝම කතා වෙවී ඉන්නවා.

එතකොට මේ මොකක්ද වෙලා තියෙන්නේ? තමන් තුළ ප්‍රඥාව නැති ශාපෙ. තමන් තුළ ප්‍රඥාව නැත්නම් ඒක එක ශාපයක්. ප්‍රඥාව නැති වුනාට තවත් බේරෙන්න ක්‍රමයක් තියෙනවා. අඩු ගානේ ඒ ක්‍රමයවත් රැකගන්න ඕනෙ. ඒකත් වැනසුනොත් නම් සුන්. ඔන්න මේ කාලේ මනුස්සයින්ට ප්‍රඥාව නෑ. ඒකේ ආයෙ කතා දෙකක් නෑ ප්‍රඥාව නෑ. ප්‍රඥාව නෑ කියලා අපි මේක අතඇරලත් බෑ. ඇයි ප්‍රඥාව නෑ කියලා මේක අතඇරියොත් ඉතුරු වෙන්නේ කෙලෙස් විතරයි නේ.

කෙලෙස් ගොඩේ ඉඳලත් බෑ....

දැන් බුදුරජාණන් වහන්සේගේ කාලෙත් ප්‍රඥාව නැති භික්ෂූන් හිටියා. ප්‍රඥාව නැති භික්ෂූණීන් හිටියා. ප්‍රඥාව නැති උපාසකවරු හිටියා. ප්‍රඥාව නැති උපාසිකාවෝ හිටියා. ප්‍රඥාව කියලා කිව්වේ ගැඹුරට තේරුම් ගන්න බෑ. කෙලෙස් එනකොට හිත කලබල වෙනවා. ප්‍රඥාව නැති තැන තමන්ගේ ජීවිතයට තදබල හානි කරන්නේ මාන්නයයි. මාන්නෙ තමයි ලොකුම

හානිය කරන්නේ. ඒ මාන්නෙත් එක්ක අනිත් කෙලෙස් ටික ඔක්කොම රොද බැඳ ගන්නවා. කුණු මසට නිල මැස්සෝ වහනවා වගේ.

මිනිස්සුන්ට දැන් ප්‍රඥාව නෑ කියන්නේ එක වාසනාවක් නෑ. තව වාසනාවක් ඉතුරු වෙලා තියෙනවා. ඒ මොකක්ද? ඒකට කියන්නේ ශ්‍රද්ධාව. ශ්‍රද්ධාව කියලා කියන්නේ පැහැදීම. ඒ පැහැදෙන බව කරුණු සහිතව කරගත්තොත් ඔන්න බේරෙන්න තව එකක්. ප්‍රඥාව නැති කෙනාගේ අනතුර මොකක්ද? පැහැදීම ඉක්මනින් නැති කරගන්නවා. පැහැදීම වහා නැති කරගන්නවා. පැහැදීම පවත්වගන්න දක්ෂ වෙන්න ඕනෙ. පැහැදීමටත් යම්කිසි නුවණක් ඕන.

දෙව්ලොව උපන් සැඩොල් ආච්චි....

ඒ කියන්නේ ආර්ය සත්‍යය දකින ප්‍රඥාවකට යන්න බැරි වුනත් යම්කිසි නුවණක් ඕනෙ සිත පහදග න්න. ඒ නුවණ නැත්නම් ඒකත් නෑ. දැන් බලන්න හිතලා බුදුරජාණන් වහන්සේගේ කාලේ ඔබ දන්නවානෙ අර සැඩොල් ආච්චි. බුදුරජාණන් වහන්සේ දැක්කා ඒ ආච්චි මැරිලා ඊළඟට උපදින්න කොහෙටද නියම වෙලා හිටියේ? නිරයේ යන්න.

දැන් අපි දන්නවද අපි මැරිලා නිරයට යන්න නියම වෙලා ඉන්නවා කියලා. අපි දන්නෙ නෑ. පුහු මාන්නයෙන් ඉදියි. අපි දන්නවද අපි මැරිලා ප්‍රේත ලෝකෙට යන්න නියම වෙලා ඉන්නවා කියලා? ඒ දන්නෙත් නෑ. අපි දන්නවද අපි මැරිලා අසුර ලෝකෙට යන්න නියම වෙලා ඉන්නවද කියලා? ඒ දන්නෙත් නෑ. අපි දන්නවද අපි

මැරිලා තිරිසන් අපායේ උපදින්න නියම වෙලා ඉන්නවා කියලා. මොකවත් දන්නෙ නෑ.

මේ මැරෙන මිනිස්සු කොහේ කොහේ යනවා ඇද්ද...?

අපි මේ ජීවත් වෙන ලෝකය තුළ පුහු මාන්නෙකින් ඉන්නවා. ඒ මාන්නෙට ලබාදෙන්න පුළුවන් දෙයක් නෑ. මේ ජීවත් වෙන කාලේ අපටත් අර සැඬොල් තැනැත්තිට වගේ සිත පහදවා ගන්න කරුණු ලැබෙනවා. ඒ සැඬොල් තැනැත්ති නම් හරි දක්ෂයි. වහා සිත පහදවා ගත්තා. මට්ටකුණ්ඩලී හරි දක්ෂයි. ඒ පොඩි කොලුවත් නිරයට යන්නනේ හිටියේ. දැන් බලන්න පොඩි දරුවෙක් මරණාසන්න වෙලා කවුරුත් දන්නවද එයා නිරයට යනවා කියලා?

අද මේ පොඩි වයසේ අය කොච්චර මැරෙනවද? කවුද දන්නෙ නිරයේ යනවා කියලා. අද වයසට පලච්ච අය කොච්චර මැරෙනවද? මැරිලා නිරයට නියම වෙච්ච අය කොච්චර ඇද්ද? අද කොච්චර මැරෙන අය ප්‍රේත ලෝකෙ යනවා ඇද්ද? අද කොච්චර මැරෙන අය තිරිසන් අපායේ යනවා ඇද්ද? අසුරයන් එක්ක එකතු වෙනවා ඇද්ද?

මට දැන් සැනසිල්ලේ මැරෙන්න පුළුවන්....

නමුත් ජීවත් වෙලා ඉන්දෙද්දී තමන් ඉන්නේ මිනිස් කයකින් නෙ. මනුස්ස ශරීරයකින් ඉන්දෙද්දී මේ සිත ඇතුලේ අර්බුදය තමන් දන්නෙ නෑ. තමන්ට පේනවා තමන් වගේම මිනිස් සිරුරු ඇති අනිත් අයත්. එතකොට

හිතනවා තමන් හරි, තමන් බේරිලා, තමන් සුවසේ ඉන්න කෙනෙක් කියලා. එබඳු මෝඩ කෙනෙක් හිතන්නේ 'හරි... මං රස්සාවල් කොළා. මං ළමයි හැදුවා. ළමයින්ට රැකී රස්සාවල් හදලා දුන්නා. ළමයි බන්දලා දුන්නා. මට දැන් සැනසිල්ලේ මැරෙන්න පුළුවන්' තමන් දන්නෙ නෑ තමන් මැරිලා කොහෙද යන්නේ කියලා. මේක තමයි ඇත්ත.

ඉතින් ඒ නිසා තමන්ව සුගතියේ ගෙනියන්න නම් අඩු ගානේ ආර්ය සත්‍යය අවබෝධ කරගන්න පිනක් නැත්නම් ඒ කෙරෙහිත් පහදින්න ඕනෙ. ඒ කියන්නේ බුදුරජාණන් වහන්සේගේ ධර්මය නිසා ගොඩක් භික්ෂූන් වහන්සේලා රහත් වුනා. භික්ෂුණීන් වහන්සේලා රහත් වුනා. උපාසකවරු උපාසිකාවෝ මගඵල ලැබුවා. දැන් බලන්න අර වැදි කෙල්ල ඉස්කෝලෙ ගිහින්ද? නෑ. අර කොලු පැංචා කැකුලා ඉස්කෝලෙ ගිහින්ද? නෑ. දඩයම් කොරාපු අය. ඔය අවබෝධ කළේ.

සිත පහදවා ගැනීමත් ලේසි දෙයක් නෙමෙයි....

ඒ අවබෝධය ඇති කරන හිතේ තියෙන හැකියාව ගිනි පෙට්ටියයි ගිනි කූරයි වගේ. ඒක ගහපු ගමන් ඇවිලෙනවා. නමුත් ගිනි කූර කලු පාටයි. ගිනි පෙට්ටියේ අර තියෙන තලේ පැත්තත් කලු පාටයි. බැලූ බැල්මට පේන්නෙ නෑ ගින්නක් එතන අවුලන්න පුළුවන්කම. ඒ වගේ කවුරුත් හිතයිද තාපසයෙකුත් සහේට ඇන්න ඉන්න මේ වැදි ළඳ අනාගතයේ රහත් භික්ෂුණියක් වෙයි කියලා.

අද අපි හොඳට සුදුත් ඇඳගෙන, එහෙම නැත්නම් හොඳට හිස රැවුල් බාලා, සිවුරු පිරිකර ඇඳගෙන, බොහොම ලස්සනට සක්මන් කරනවා. බාහිර කෙනෙක් හිතයි මේ ශාන්ත ගමනක් කියලා. නමුත් හිත ඇතුලේ තියෙන්නේ මොකක්ද? ඊට හාත්පසින් වෙනස් දෙයක් වෙන්න පුළුවන්. මේ කාලයේ ආටෝපයෙන් සාටෝපයෙන් යුතු ලෝකය රැවටෙන්නේම ආටෝපයට. සාටෝපෙට. අර්ථය අල්ලන්න දක්ෂ නෑ. හිත පහදව ගන්නත් මෙකල ලේසි නෑ.

සිත පහදවා ගන්නවත් බැරිවුනොත් කිසි පිළිසරණක් නෑ....

එහෙනම් දැන් අපි තේරුම් ගන්න ඕනෙ ප්‍රඥාවෙන් එන්න එන්න මිනිස්සු හීන වෙද්දී සිත පහදවා ගන්න තියෙන අවස්ථාවත් නැති කරගත්තොත් එයාට කිසිම දෙයක් ආයෙ මේ මනුස්ස ලෝකෙ ඉතුරු වෙන්නෙ නෑ. ඇයි සිත අපැහැදිච්ච ගමන් නොපහන් සිතින් යමක් කියයිද, නොපහන් සිතින් යමක් කරයිද, ඒකත් තමාගේ පසුපස එයි. එහෙනම් අපි ගොඩාක් මහන්සි ගන්න ඕනෙ සිත පහදවා ගන්න. බුදුරජාණන් වහන්සේ ගැන සිත පහදවා ගැනීමට තමයි මං ඔය දසබල ඤාණ ගැන විස්තර කරලා දුන්නේ. විශාරද ඤාණ විස්තර කරලා දුන්නේ. බුදුගුණ විස්තර කරලා දුන්නේ.

තේරෙන භාෂාවෙන් කියන්න ඕනෙ....

මේ ඔක්කොම පාලියෙන් තියෙන්නේ. මං පාලියෙන් කිව්ව නම් සිත පහදින්නේ නෑ. අපි ගමු මෙහෙම එකක්. ඔන්න මං බුද්ධ ගයාවට ගියා කියමු.

මට ඒ අසපුවේ තියෙන ගහක් කපන්න ඕන වෙනවා. මං ඉන්දියන් ළමයෙකුට කියනවා 'ළමයෝ... පිහිය අරන් එන්න' ළමයට තේරෙනවාද ඒ භාෂාව? 'මේ ගහ කපාපං' තේරෙනවද? නෑ. එහෙනම් මං මොකක්ද කරන්න ඕනෙ? හින්දියෙන් කියන්න ඕනෙ. 'ලඩ්කා චාකු ලේබේ ආවෝ. යේ පේඩ් කාට්දෝ. හම් හටානා චාහතේ හේ' අන්න එතකොට ඒ කොල්ලට තේරෙනවා. මං ඒක කියන්නේ නැතිව කිව්වොත් 'ළමයෝ පිහිය ඇන්න වර. කපාපිය මේක. මට මේක අයින් කරන්න ඕනෙ' කියලා ඒ ළමයට ඒක තේරෙන්නෙ නෑ.

තේරෙන භාෂාවෙන් කිව්වොත් තමයි ධර්මයට සිත පහදින්නේ....

ඒ වගේ තමයි පාලියෙන් තියෙන එක සිංහලෙන් හරවගන්නෙ නැතුව ඒකට පහදිනවා කියලා කිව්වොත් ඒක බොරුවක්. ඒක සත්‍යයක් නෙමෙයි. ඒකෙන් අර්ථයක් ලැබෙනවා කිව්වොත් ඒකත් බොරුවක්. ඒක සත්‍යයක් නෙමෙයි. එහෙනම් ඒකේ අර්ථය ඉස්සෙල්ලා ලැබෙන්න ඕනෙ ඒක කියන එක්කෙනාටයි. සිංහලෙන් කිව්වහම ඒකේ බලය නැතිව යනවා කියනවා නම් ඒකත් බොරුවක්. භාග්‍යවතුන් වහන්සේගේ වචනයේ බලය තියෙන්නේ අර්ථයත් එක්කයි. ඒ අර්ථය නැති වෙච්ච ගමන් ඒ වචන දාහක් ලක්ෂයක් කටපාඩම් කරගෙන කිය කිය හිටියත් ඒක තේරෙන්නෙ නෑ.

ඉතින් ඒ නිසා අපි ඒ තේරෙන භාෂාවෙන් ඔබට කියාදුන්නා කෙනෙකුට අහන්න ලැබෙන්නෙ නැති දුර්ලභ දෙයක්. තථාගත දසබල ඤාණ. ඊළඟට අහන්න ලැබෙන්නේ නැති දුර්ලභ දේවල් විශාරද ඤාණ, අහන්න

ලැබෙන්නෙ නැති දුර්ලභ දේවල් අරහත් ආදී බුදුගුණ නමය. ඉතින් මේවා ඇහුවහම එයා ඉස්සෙල්ලාම මොකක්ද කරන්න ඕනෙ? ඒ අහපු දේ ගැන පහදින්න ඕනෙ 'අනේ මං මෙබඳු වූ ශාස්තෘන් වහන්සේ නමක් සරණ ගියා නේද? කියලා.

අන්ධකාරේ හරි වතුර බිව්වොත් පිපාසෙ නිවෙනවා....

ඒ සිත පහදවා ගැනීමට එයා දක්ෂ නැත්නම්, අදක්ෂ නම් එහෙනම් ඊළඟ වාසනාවත් එයාට නෑ. පළවෙනි එක නෑ කොහෙත්ම. මොකක්ද ඒ? (ගිනි කූරයි ගිනි පෙට්ටියයි) ප්‍රඥාවන්තකම. ඊළඟට මොකක්ද නැත්තේ? වතුර බෝතලෙත් නෑ. පිපාසයට බොන්න තියෙන එකත් නෑ. අන්ධකාරයේ හරි වතුර බිව්වොත් පිපාසෙ නිවෙනවාද නැද්ද? හිත පහදවා ගන්න තියෙන අවස්ථාව නැත්නම් වතුරත් නෑ.

හරියට හිත පහදවා ගත්තොත් බුදුරජාණන් වහන්සේ ගැන, බුදුරජාණන් වහන්සේ ගේ ධර්මය ගැන, උන්වහන්සේ වදාළ චතුරාර්ය සත්‍ය ප්‍රකාශිත උතුම් ශ්‍රී සද්ධර්මය හරියට පැහැදිලි කරගත්තොත් මේක තමයි දුක නම් වූ ආර්ය සත්‍යය. මේවා තමයි දුක උපද්දවන කාරණා. මේක ආර්ය සත්‍යයක්. මේක තමයි දුකෙන් නිදහස් වීමෙයි කියන්නේ. මේකත් ආර්ය සත්‍යයක්. මේක තමයි දුකෙන් නිදහස් වන්නා වූ මාර්ගය කියලා ඒක විශාල රැකවරණයක්. මෙන්න මේවට තමයි, ඒ පැහැදීමට තමයි අද බාධා තියෙන්නේ.

ප්‍රඥා, සීල, සමාධි....?

මං ඔබට උදාහරණයක් කියන්නම්. දැන් අපි ගමු ආර්ය අෂ්ටාංගික මාර්ගය පටන් ගන්නේ මොකෙන්ද? සම්මා දිට්ඨියෙන්. ඊළඟට තියෙන්නෙ මොකක්ද? සම්මා සංකල්ප. සම්මා දිට්ඨි, සම්මා සංකල්ප කියන දෙක අයිති වන්නේ කොයි කොටසටද? ප්‍රඥා කියන කොටසට. ඊළඟට සම්මා වාචා, සම්මා කම්මන්ත, සම්මා ආජීව. ඒවා අයිති වෙන්නේ කොයි කොටසටද? සීල කියන කොටසට. ඊළඟට සම්මා වායාම, සම්මා සති, සම්මා සමාධි. ඒවා අයිති වෙන්නේ සමාධි කියන කොටසට.

එතකොට බැලූ බැල්මට මොකක්ද තියෙන්නේ? ප්‍රඥා, සීල, සමාධි. කෙනෙක් ඉන්න පුළුවන් ප්‍රඥා, සීල, සමාධි කියලා මේක පේනකොට අනිත් බුද්ධ වචන හදාරන්නෙ නැතුව තර්කෙට ගන්නවා 'ඔය එක එක්කෙනා කියනවා සීල, සමාධි, ප්‍රඥා කියලා. නමුත් මේකේ සීල, සමාධි, ප්‍රඥා කියලා කිව්වාට තිබෙන්නේ ප්‍රඥා, සීල, සමාධි නොවැ' කියලා. එක එක්කෙනා නෙමෙයි කිව්වේ ඒක. භාග්‍යවතුන් වහන්සේයි ඒක වදාළේ.

"සීලං සමාධි පඤ්ඤා ච - විමුත්ති ච අනුත්තරා
අනුබුද්ධා ඉමේ ධම්මා - ගෝතමේන යසස්සිනා"

'සීලයත් සමාධියත් ප්‍රඥාවත් අනුත්තර වූ විමුක්තියත් යන මේ ධර්මයන් යසස් ඇති ගෞතම බුදුරජුන් විසින් අවබෝධ කරන ලද්දේය' එතකොට දැන් ධර්මය කෙරෙහි පහදින්න ඉස්සෙල්ලා පහදින්න ඕනෙ මොකේටද? ශාස්තෘන් වහන්සේ කෙරෙහි. ශාස්තෘන් වහන්සේ කෙරෙහි පැහැදිලා, ශාස්තෘ ගෞරවයෙන් තමයි අර ධර්මය හැදෑරිය යුත්තේ.

ලෝකෝත්තර සම්මා දිට්ඨිය....

ඒ විදිහට ධර්මය හදාරන කොට ප්‍රඥා, සීල, සමාධි කියන එක සීල, සමාධි, ප්‍රඥා වෙන්නේ කොහොමද කියලා අන්න කල්පනා කරන්න කාරණය. ආර්ය අෂ්ටාංගික මාර්ගය පටන් ගන්නේ සම්මා දිට්ඨියෙන්. සම්මා දිට්ඨි දෙකක් තියෙනවා. ලෞකික සම්මා දිට්ඨියත් ලෝකෝත්තර සම්මා දිට්ඨියත්. එතකොට ආර්ය අෂ්ටාංගික මාර්ගයේ සම්මා දිට්ඨිය මොකක්ද? ලෝකෝත්තර සම්මා දිට්ඨිය. ලෝකෝත්තර සම්මා දිට්ඨිය කියන්නේ චතුරාර්ය සත්‍යය පිළිබඳ ඤාණය.

බුදුරජාණන් වහන්සේගේ ධර්මය ශ්‍රවණය කරපු ශ්‍රාවකයා තමන්ගේ හිතේ තියෙන ප්‍රඥාවත් එක්කයි ඒක ගලපගන්නේ. ප්‍රඥාව අවදි වෙනවා ධර්මය අහපු ගමන්. ඒක සාමාන්‍ය එකක්. ඒ කියන්නේ මෝරපු නෙළුමක් තියෙනවා නම්, හිරු මඬල උදාවෙද්දි, හිරු රැස් ඒ නෙළුමට වැටෙද්දී, එක පෙත්ත පෙත්ත දිග ඇරෙන එක ඒ නෙළුමේ තියෙන ස්වභාව සිද්ධියක්. ඒ වගේම එකක් මනසේ වෙන්නේ මේ ධර්මය හරියට ඇහුවොත්.

සත්‍ය ඤාණ.... කෘත්‍ය ඤාණ.... කෘත ඤාණ....

ඒ ධර්මය අහපු ප්‍රඥාවන්ත කෙනා ඔන්න දුක, දුක්ඛ සමුදය, දුක්ඛ නිරෝධය, දුක්ඛ නිරෝධගාමිනී පටිපදාව කියන ආර්ය සත්‍යය හතර අවබෝධ කරගන්නවා. අවබෝධ කරගත්තු ගමන් එයාගේ ප්‍රඥාව පිහිටියා. ඒකට අපි මොකක්ද කියන්නේ? සෝවාන් වුනා කියලා. චතුරාර්ය සත්‍යය පිළිබඳ මොන ඤාණයද ඒ? සත්‍ය ඤාණයයි.

ඒ සත්‍ය ඤාණයට පත්වෙච්ච කෙනා ප්‍රඥාසම්පන්නයි. ඒකයි ආර්ය අෂ්ටාංගික මාර්ගය සම්මා දිට්ඨියෙන් පටන් ගන්නේ.

ඒ ප්‍රඥාසම්පන්න කෙනාට එක් එක් ආර්ය සත්‍යය පිළිබඳ කළයුතු දේ තියෙනවා. ඒ මොකක්ද? කෘත්‍ය ඤාණය. ඤාණය කියන්නේ අවබෝධය. කෘත්‍ය කියලා කියන්නේ කළයුතු දේ ගැන. කළයුතු දේ ගැන අවබෝධය. කෘත්‍ය ඤාණය කියන්නේ අර සත්‍ය ඤාණයට පත්වෙච්ච එක්කෙනා දන්නවා දුක ගැන කරන්න ඕන දේ. මොකක්ද දුක ගැන කරන්න තියෙන්නේ? සම්පූර්ණ වශයෙන් අවබෝධ කිරීම. දුක්ඛ සමුදය ගැන මොකක්ද කරන්න තියෙන්නේ? ඒ දුක හටගන්න හේතු කාරක ධර්ම ප්‍රහාණය කිරීම. දුක්ඛ නිරෝධය ගැන මොකක්ද කරන්න තියෙන්නේ? දුක්ඛ නිරෝධය සාක්ෂාත් කිරීම. දුක්ඛ නිරෝධ ගාමිනී පටිපදාවට මොකක්ද කරන්න තියෙන්නේ? ඒ මාර්ගය වැඩීම.

සම්මා දිට්ඨියෙන් යුතුව සීලයට එනවා....

ඔන්න දැන් තමන්ට දුක අවබෝධ කරන්න ඕනෙ. දුක්ඛ සමුදය ප්‍රහාණය කරන්න ඕනෙ. දුක අවබෝධ කරන්නත් දුක හටගන්න හේතුව ප්‍රහාණය කරන්නත් ඒ කෙනා දැනගන්නවා ලොකුම අර්බුදය තියෙන්නේ ඉන්ද්‍රිය අසංවරය. එතකොට ඉස්සෙල්ලාම එයා මොකක්ද කරන්නේ? ඉන්ද්‍රිය සංවරයට එනවා. දැන් එයා සම්මා සංකල්පයයි සම්මා දිට්ඨියයි තේරුම් ගත්තා. ඒ ප්‍රඥා කොටස.

ඊට පස්සේ සම්මා දිට්ඨියෙන් යුතුව සම්මා වාචා. සම්මා දිට්ඨියෙන් යුක්තව සම්මා කම්මන්ත. සම්මා

දිට්ඨියෙන් යුක්තව සම්මා ආජීව. දැන් සාමාන්‍ය කෙනෙක් සිල් ගත්තට චතුරාර්ය සත්‍යාවබෝධ නොකොට ඒක සම්මා වාචා වෙන්නෙ නෑ. චතුරාර්ය සත්‍යාවබෝධ නොකොට සිල් ගත්තට සම්මා කම්මන්ත වෙන්නෙත් නෑ. චතුරාර්ය සත්‍යාවබෝධ නොකොට සිල් ගත්තට සම්මා ආජීව වෙන්නෙත් නෑ. ඇයි හේතුව? එයාගේ සීලය අවස්ථාවට අනුව බිඳෙනවා.

සම්මා දිට්ඨියෙන් යුතු කෙනා මාර්ගය වඩන හැටි....

මේ වචනය සංවර කරගෙන ඉන්නවා මේ බනිනවා. මේ වචනය සංවර කරගෙන ඉන්නවා ඊළඟ මොහොතේ අසංවර වෙනවා. මේ සීලය ආරක්ෂා කරගෙන ඉන්නවා. ඊළඟ මොහොතේ සිල් කඩාගන්නවා. මේ ජීවත් වෙනවා ධාර්මිකව කියලා. ඊළඟ මොහොතේ මොකක් හරි පටලෝගන්නවා. ඇයි හේතුව? ලීඩ් කරන්න, තමන්ව හසුරුවන්න ප්‍රඥාව පස්සෙන් එන්නෙ නෑ. සම්මා දිට්ඨියට බැසගත්තු එක්කෙනාට අර සම්මා දිට්ඨිය තමන්ව තල්ලු කරනවා ඉස්සරහට.

එතකොට ඒ සම්මා දිට්ඨියෙන් යුක්ත කෙනාගේ වචනය සම්මා වාචා. සම්මා දිට්ඨියෙන් යුක්ත කෙනාගේ ක්‍රියාව සම්මා කම්මන්ත. සම්මා දිට්ඨියෙන් යුක්ත කෙනාගේ ජීවිකාව සම්මා ආජීවය. සම්මා දිට්ඨියෙන් යුක්ත කෙනාගේ වීරිය සම්මා වායාම. සම්මා දිට්ඨියෙන් යුක්ත කෙනාගේ සිහිය සම්මා සතිය. සම්මා දිට්ඨියෙන් යුක්ත කෙනාගේ සමාධිය සම්මා සමාධිය. එතකොට ඒ විදිහට එයා ඒක මනාකොට පුරුදු කළොත් මොකද වෙන්නේ? අනුත්තර වූ විමුක්තිය සාක්ෂාත් කරනවා.

සීල, සමාධි, ප්‍රඥා....

ප්‍රඥාවෙන්මයි ඒක ලීඩ් කරගෙන යන්නේ. ආර්ය සීලය ඇතිවෙන්නේ සම්මා දිට්ඨියෙන් යුක්ත කෙනාට. ආර්ය සමාධිය ඇතිවෙන්නේ සම්මා දිට්ඨියෙන් යුක්ත කෙනාට. ආර්ය ප්‍රඥාව ඇතිවෙන්නේ සම්මා දිට්ඨියෙන් යුක්ත කෙනාට. ඊට පස්සේ ආර්ය විමුක්තිය. සීල, සමාධි, ප්‍රඥා, විමුක්ති. එතකොට විමුක්ති කතාවට ගෙනියන්න බෑ ප්‍රඥා සීල සමාධි කිව්වොත්. ඇයි ප්‍රඥාවන්ත කෙනා සීලය පුරලා, සමාධිය වඩලා, සමාධිය තුළින් උපද්දවන ප්‍රඥාවෙන් තමයි රාග, ද්වේශ, මෝහයන්ගෙන් එයා නිදහස් වෙන්නේ. ඒකයි විමුක්තිය කියන්නේ. එතකොට ඒකට යන්න බෑ සම්මා දිට්ඨිය නැතුව. සම්මා දිට්ඨියෙන් යන ගමනක් තියෙන්නේ.

මේක හරි විදිහට තේරුම් ගන්න....

මේක තේරුම් ගත්තොත් කෙනෙක් වැරදි විදිහට 'අපි කරන්න තියෙන්නේ ඉස්සෙල්ලා සීලය වඩන එකයි. ඊට පස්සේ සමාධියටයි. ඊට පස්සේ ප්‍රඥාවටයි' කියලා ඒ සීලය ලෞකික සීලයක්. ඒ සමාධිය ලෞකික සමාධියක්. එයා කොයි විදිහට ප්‍රඥාවට යයිද දන්නේ නෑ. දැන් අපි ගත්තොත් සිල්වත් වෙලා හිටියා දේවදත්ත. ඒක සම්මා දිට්ඨියෙන් යුක්ත එකක් නෙමෙයි. දේවදත්ත ප්‍රථම ධ්‍යානයත් දියුණු කළා. දෙවෙනි ධ්‍යානය, තුන්වෙනි ධ්‍යානය, හතරවෙනි ධ්‍යානයත් දියුණු කළා. ඉර්ධි ප්‍රාතිහාර්යයත් පාන්න දක්ෂ වුනා. නමුත් එකකටවත් සම්මා දිට්ඨිය සම්බන්ධ වෙලා තිබුනේ නෑ.

බුදුරජාණන් වහන්සේත් සීල, සමාධි, ප්‍රඥා කියලා කිව්වේ සම්මා දිට්ඨියෙන් යුක්ත ශ්‍රාවකයා ගැනයි. වර්තමානෙ හරියට ධර්ම කතාව යනවනෙ ලෝකෙ. එතකොට ධර්ම කතාව පිළිබඳ නිවැරදි විග්‍රහයක් අල්ලගන්න බැරිවුනොත්, එක එක පුද්ගලික දෘෂ්ටි කෝණ වලින් ධර්මය බලලා 'මට පේන්නේ මේ විදිහටයි... මට හිතෙන්නේ මේ විදිහටයි... මං තේරුම් ගන්නේ මේ විදිහටයි...' කියලා කිව්වොත් ඒක මොකක්ද? ඒක පුද්ගලික කෝණෙකින් බලන එකක්.

අසිරිමත් සිරි සදහම්....

මේ ධර්මයේ එක කෝණයක් තියෙනවා. ඒ භාග්‍යවතුන් වහන්සේගේ කෝණය. අපි සරණ යන්නේ බුදුරජාණන් වහන්සේ බලපු විදිහට අපි ඉගෙන ගන්නයි. ඒ විදිහට ජීවිතය ගැන කල්පනා කරලා ඔන්න ධර්මය කෙරෙහි හිතේ පැහැදීමක් ඇතිවෙනවා 'ෂා.. හරි ලස්සනයි නෙ මේ ධර්මය. හරි පැහැදිලියි නෙ මේ ධර්මය' කියලා. එතකොට එයාට සැකය නෙමෙයි එන්නේ ඉස්සරහට. ප්‍රසාදය. ඒ ප්‍රසාදය තමයි තමන්ගේ පිපාසය නිවන දේ.

දැන් අපි ගත්තොත් කොච්චර කෙනෙක් ධර්මය ඉගෙන ගත්තත් හරියට ඒ කරුණු ටික ගොනු කරගෙන නොතිබුනොත් ඒ කෙනාට සැකය නැති වෙන්නෙ නෑ. සැකය තිබුනොත් වෙන්නේ 'හරි... මෙතනත් කාරණා කියනවා තමයි... අතනත් කියනවා... මෙතනත් හරි... එතනත් හරි...' කියලා හිතනවා. වෙන්න ඕනෙ මෙතනත් හරි එතනත් හරි නෙමෙයි. මෙතන 'භාග්‍යවතුන් වහන්සේගේ ධර්මය තියෙනවද? එතනත් තියෙනවාද?'

ඒකයි වෙන්න ඕනෙ එක. එතකොට අර බුදුරජාණන් වහන්සේ වදාළ ධර්මය කෙරෙහි හිත පහදිනවා. සංඝයා කෙරෙහි හිත පහදිනවා. ඒ පහන් සිත ඒ සැදැහැබර සිත තමන්ව දුගතියෙන් වළක්වනවා.

දෙව්ලොව උපත රැකවරණයකි....

දුගතියෙන් වැළැක්වුවහම ඊට පස්සේ තියෙන්නේ සුගතිය. දිව්‍ය ලෝකෙ ගැනත් කතා කරමු අපි. ඔන්න දිව්‍ය ලෝකෙ යන්න ඕන කියලා කියනවා. එතකොට කෙනෙක් කියනවා 'බෑ... බෑ... බෑ... දිව්‍ය ලෝක වල නම් යන්ට බෑමයි' අහනවා 'ඇයි දිව්‍ය ලෝක වල යන්න බැරි?' මොකක්ද කියන්නේ එතකොට? 'හරියට එහේ සැප වැඩියි. කාමය වැඩියි. මුළා වේවි' කියලා කියනවා. දෙවිවරුත් නොදැක, දිව්‍ය ලෝකෙත් නොදැක, ඒකට මුළා වේවියි කියලා භයට පත්වෙලා නම් ඉන්නේ එහෙනම් ප්‍රශ්නෙ කොහෙද තියෙන්නේ? තමන් තුළ නොවැ. ඒකට කියන්නේ නුවණ නෑ කියන එකයි.

නුවණක්කාරයා හිතන්නේ එහෙම නෙමෙයි. 'මට්ටකුණ්ඩලීත් දිව්‍ය ලෝකෙ නෙ භාග්‍යවතුන් වහන්සේ පිටත් කොළේ. අර රොඩී අම්මණ්ඩිත් දිව්‍ය ලෝකෙ නෙ ගියේ. මාර්ගඵල ලාභී ශ්‍රාවකයොත් දිව්‍ය ලෝකෙනෙ ගියේ. එහෙනම් මේ කියන දෙව්ලොව නිකම් අර නයිට් ක්ලබ් වගේ තැන් නෙමෙයි. ඒක වෙන්න බැරි එකක්' කියලා. එතකොට මොකක්ද එහෙනම් ශ්‍රද්ධාව ඇතිකර ගන්නත් ඕන කරන්නේ? යම්කිසි නුවණක්.

නැව හිල් වෙලා නම් බෝට්ටුවකට නැගලා පැනගන්න ඕනෙ....

එක දවසක් එක අම්මා කෙනෙක් මට කිව්වා 'මම නම් පොඩ්ඩක් වත් කැමති නෑ දිව්‍ය ලෝකෙ යන්න' කියලා. ඒ කියන්නේ බුද්ධ දේශනා කෙරෙහි පහදින්නෙ නෑ. දන්නෙ නෑ මේ භාග්‍යවතුන් වහන්සේගේ දේශනා කියලා. හිතන්නේ මේ අපි හදාපු කතන්දර කියලා. මං ඊට පස්සේ අනුකම්පා හිතිලා මං උපමාවක් කිව්වා. මං කිව්වා ඒක අම්මා මෙහෙම තේරුම් ගන්න. යම්කිසි ආරක්ෂක දූපතක් තියෙනවා.

මේ දූපතට යන්න හිතාගෙන නැවකට ගොඩ වුනා. බැලින්නම් මේ හිල් වෙච්ච නැවක්. මේ නැවේ තියෙන සිදුරු වලින් හිමින් හිමින් ඇතුලට වතුර ගලනවා. හැබැයි මේ නැවේම තියෙනවා පොඩි පොඩි බෝට්ටු හදිස්සියකදී ගන්න. දැන් මේ නැව හිමින් යනවා දූපත පේන්න නෑ. දැන් එයා කියනවා 'නෑ.. මං දූපතට මිසක් වෙන කොහේවත් යන්නෙ නෑ' නමුත් නැව ගිලෙනවා. නැව ගිලෙද්දි ගිලෙද්දි ඒකම කියෝ කියෝ ඉන්න කෙනා දූපතට යයිද? නෑ.

අම්මෝ... දිව්‍ය ලෝකෙ නම් යන්න බෑ....

එයා මොකද කරන්න ඕනෙ? පොඩි බෝට්ටුවකට හරි ගොඩ වෙන්න ඕනෙ. එතකොට මුහුදේ ගිලෙන්නෙ නෑ. ඒ බෝට්ටුවේ ඉඳලා හිමින් හිමින් ආයෙමත් එයාට අර දූපතට යන්න පුළුවන්. ඒ වගේ තමයි දෙවියන් අතරට යනවා කියන්නේ. එච්චරවත් තේරුම් ගන්න නුවණක් නෑ කියලා මට බොහොම අනුකම්පා හිතුනා.

ඒ කියන්නෙ එච්චරට ම තේරුම් ගැනීමේ හැකියාවක් වර්තමානයේ මනුෂ්‍යයාට නෑ. දිව්‍ය ලෝකෙ කියපු ගමන් 'හත්දින්නෑවේ... කොහොමද මං දිව්‍ය ලෝකෙ ගිහිල්ලා...' කියලා දහ අතේ දහඩිය දාලා ඒ මොකද හේතුව? කියන කාරණය තේරුම් ගන්නවත් හැකියාවක් නෑ.

ප්‍රඥාව නැත්නම් මොනවා කරන්නද...?

බුදුරජාණන් වහන්සේ තමයි දෙව්ලොව ගැන ප්‍රශංසා කරලා තියෙන්නේ. දෙව්ලොව යනවා කියන්නේ ප්‍රමාදයට කාරණයක් නෙමෙයි. හොඳයි මං මෙහෙම කියනවා කියමු. 'හරි... ඔයගොල්ලෝ ප්‍රමාද වෙන්න එපා... වහ වහා සෝවාන් වෙන්න... දෙව්ලොව නම් යන්න එපා... පින් නම් කොරන්න එපා... කුසල් නම් වඩන්න එපා... භවය දික් වෙනවෝ.... ඒ නිසා වහ වහා සෝවාන් වෙයං' පුළුවන්ද එහෙම කරන්න? බැනෙ.

ඇයි හේතුව? තමන්ගේ ජීවිතයේ ස්වභාවිකව වැඩුනු ප්‍රඥාවක් නැත්නම් ප්‍රඥාව ණයට ගන්නද? පොලියට ගන්නද? බෑ. මනුෂ්‍යයා තුළ තියෙන මේ ස්වභාවය පෙන්වා දීම තමයි මනුෂ්‍යයා කෙරෙහි තියෙන හැබෑ හිතෛෂීකම. ශිල්ප දක්වන්න පුළුවන් බණ පුටුවේ වාඩි වෙලා අපටත්. අපි කිව්වොත් 'හරි... වහ වහා සසර දුකින් අත්මිදෙන්න. දැන්ම දැන්ම සෝවාන් වෙන්න' කියලා. එහෙම ගන්න බෑ ඒක.

ධර්මය ඇහෙනකොට යෝනිසෝ මනසිකාරය වැඩකරනවා....

චතුරාර්ය සත්‍යය අවබෝධයට උවමනා කරන ධර්මය තමයි අපි කියන්නේ. කෙනෙක් අහන්න ඕනෙත්

චතුරාර්ය සත්‍යය අවබෝධයට උවමනා කරන ධර්මයයි. ඒ අහලා එයාට තියෙනවා නම් නුවණින් මෙනෙහි කිරීමේ හැකියාවක් එයා මෙනෙහි කරන් යනවා. ඒක නවත්තන්න බෑ. ඇයි ධර්මයයි යෝනිසෝ මනසිකාරයයි වැඩ කරනවා. ධර්මයයි යෝනිසෝ මනසිකාරයයි වැඩ කරන එක ස්වභාවික දෙයක්. යෝනිසෝ මනසිකාර නැත්නම් ධර්මය කොච්චර කතා කළත් වැඩ කරන්නෙ නෑ.

එතකොට අපි එයාට දෙන්න ඕන ඔප්ෂන්ස්. මොනවද ඔබට තව බේරෙන්න තියෙන තැන්? ප්‍රඥාවත් දියුණු වෙන්නෙ නැත්නම්, අපිට තව මොනවද තියෙන තැන් මේකෙන් බේරිලා යන්න? එතකොට වෙන ඔප්ෂන් එකක් එනවා ඉස්සරහට. මොකක්ද ඒ? දෙවියන් අතරට යාගත්තොත් හරි. ඊට පස්සේ අපි බලනවා ඇයි දෙවියන් අතරට යාගන්න ඕනෙ? දිව්‍ය ලෝකෙ මාර්ගඵල ලාභීන් ඉන්න නිසා. එතකොට ඒ දෙවියන් අතරට යන්න තියෙන්නේ සිත පහදවා ගැනීමෙන්.

ධර්මය හැදෑරීමේ මූලික ඉලක්කය....

එහෙනම් වර්තමානයේ අපි මේ ධර්මය ඉගෙන ගැනිල්ලේ, ධර්මය හැදෑරිල්ලේ, ධර්මය පුරුදු කිරිල්ලේ මූලික ඉලක්කය මොකක්ද? සිත පහදවා ගැනීම. හොඳට මේ හිත පහදවා ගත්තොත් පිහිට තියෙන්නේ මේකේ කියලා මතක හිටිනවා. දැන් බලන්න එදා අහඹු ලෙස භාග්‍යවතුන් වහන්සේ මුණගැහුනේ උපකට. උපක ආජීවකයා ඇහුවේ තමුන්නාන්සේ හරි ලස්සනයි. හරි ශාන්තයි. තමුන්නාන්සේගේ ගුරුවරයා කවුද? ඒ අහපු

දේට ඇතිවෙච්ච පැහැදීම හිත ඇතුලේ වැඩ කරපු හැටි දැක්කද?

ඒ වගේ බුදුරජාණන් වහන්සේ කෙරෙහි හොඳ පැහැදුන සිතකින්, බුදුරජාණන් වහන්සේ වදාළ ධර්මය කෙරෙහි හොඳ පැහැදුනු සිතකින්, බුදුරජාණන් වහන්සේගේ ශ්‍රාවක සංඝයා කෙරෙහි හොඳ පැහැදුනු සිතකින්, එයා ධර්මය ඉගෙන ගන්නවා. ඒකෙදි මං දැන් අවබෝධ කරන්න ඕනෙ කියලා දත්මිටි කාගෙන මෙනෙහි කරලා ගන්න බෑ අවබෝධය. එහෙම ගන්න පුළුවන් නම් ඉස්සෙල්ලාම මම ගන්නවා. අපිට ඕන ඕන හැටියට ඒක වෙන්නෙ නෑ.

බුද්ධ කාලෙත් හැමෝටම පුළුවන් වුනේ නෑ....

බුද්ධ කාලෙත් සමහරු හිටියා මාර්ගඵල ලබන්න, නැත්නම් රහත් ඵලයට පත්වෙන්න ආසාවෙන් පැවිදි වෙච්ච අය. ඔක්කොම රහත් වුනේ නෑ. සමහරු අනාගාමී වුනා. තව භික්ෂූන් හිටියා සකදාගාමී වුනා. තව භික්ෂූන් හිටියා සෝවාන් වුනා. තව භික්ෂූන් හිටියා මගඵල ලැබුවේ නෑ. මැරිලා ගියා. ඉතින් ඒ බුද්ධ කාලේ භික්ෂූන් වහන්සේලාගෙත් ඒ වගේ වෙනස්කම් වුනා නම්, භික්ෂුණීන්ගෙත් ඒ වගේ වෙනස්කම් වුනා නම්, ඊළඟට උපාසකවරුන්ටත් එබඳු වෙනස්කම් වුනා නම්, උපාසිකාවන්ටත් වුනා නම්, මේ කාලේ භාග්‍යවතුන් වහන්සේත් ජීවමානව නෑ.

දැන් බලන්න මිහිඳු මහ රහතන් වහන්සේ බොහොම ලස්සනට බුද්ධ වචනය අපට දේශනා කරලා

දුන්නා. උන්වහන්සේගේ පුද්ගලික දේශනාවක් කියලා දේශනා කරපු මොකක්වත් නෑනෙ. උන්වහන්සේගේ පුද්ගලික කතාවක් හැටියට තියෙන්නේ පුංචි ගාථාවක් විතරයි. **"සමණා මයං මහාරාජ"** මහරජාණෙනි, අපි ශ්‍රමණයෝ වෙමු. **"ධම්මරාජස්ස සාවකා"** ධර්මරාජයන් වහන්සේගේ ශ්‍රාවකයෝ වෙමු. **"තවේව අනුකම්පාය"** ඔබ කෙරෙහිම අනුකම්පාවෙන්. **"ජම්බුදීපා ඉධාගතා"** ජම්බුද්වීපයෙන් පිටත් වෙලා මෙහි ආවා.

ඔච්චරයි තියෙන්නේ. ඉතුරු සියල්ල බුද්ධ වචන....

බලන්න කොච්චර ලස්සනද කියලා. ඉතින් ඒ නිසා ඒ කෙරෙහි අපි හිත පහදවා ගන්න ඕනෙ. ඒ පහන් සිතත් එක්ක අපිට බොහොම ලස්සනට මේ ජීවිතය දියුණු කරගන්න පුළුවන්. පහන් සිත ඇතිකරගත්තහම තියෙන වාසිය මොකක්ද? අපි ගත්තොත් ප්‍රඥාවත් නැත්නම්, හිත පහදව ගන්නත් අමාරු නම්, එහෙනම් හිතේ ස්වභාවය මොකක්ද? වහා කිපෙයි. වහා ගැටෙයි. වහා ඇලෙයි. වහා මුළාවෙයි. වහා ඉරිසියාව හටගනියි. වහා ක්‍රෝධ හටගනියි. වහා එකට එක කරයි. මේ කෙලෙස් ටික තමයි මේ ජීවිතයේ බලය අල්ලගන්නේ.

කෙලෙස් හටගන්නේ හැඟීම්බර වීමෙන්....

අපේ ජීවිතයේ බලය කෙලෙස් විසින් අල්ලගෙන කෙලෙස් විසින් හසුරවනවා නම් ඔය මැද්දෙන් තමයි හිත පහදව ගන්නත් තියෙන්නේ. එතකොට හිත පහදව ගන්න කෙනා ගොඩක් දක්ෂ වෙන්න ඕනෙ නුවණින් යුක්තව හිත පහදව ගන්න. හිත පහදව ගන්න කෙනා හැඟීම්බර

වෙලා හරියන්නෙ නෑ. ඇයි හැඟීම් බර වෙලා තමයි අර කෙලෙස් ඔක්කොම හටගත්තේ. රාගය හටගන්නේ හැඟීම්බර වෙලා. ද්වේශය හටගන්නේ හැඟීම්බර වෙලා. මෝහය හටගන්නේ හැඟීම්බර වෙලා. මුළාව හටගන්නේ හැඟීම්බර වෙලා. ඉරිසියාව හටගන්නේ හැඟීම්බර වෙලා. හැඟීම්බර වෙච්ච ගමන් කෙලෙස් වලට තමයි ඉඩ තියෙන්නේ. ශ්‍රද්ධාව පැත්තට හැඟීම්බර වෙන එක හරි අඩුයි කෙනෙකුට.

හප්පේ... බෙල්ල වැහෙන්න රත්තරන්....

දැන් සාමාන්‍යයෙන් ඉරිසියා සහගත කෙනෙකුට හැඟීම්බර වෙච්ච ගමන් දකිනවා තමන් ඉරිසියා කරන, තමන්ගේ ඉරිසියාවට ලක්වෙච්ච නෝනා කෙනෙක් කන්නාඩි දෙකක් දාගෙන යනවා. එතකොට පේන්නෙ කොහොමද එයාට? කණ්ණාඩි දෙකක් පේන්නෙ නෑ. 'හප්පේ... අරකි කන්නාඩි මාලයක් දාගෙන යනවා' එක මාලයයි බෙල්ලේ දාලා තියෙන්නේ. 'හප්පේ... අර බලාපං. බෙල්ල වැහෙන්න රත්තරන්' එක වළල්ලයි අතේ තියෙන්නේ. දකින්නේ කොහොමද? 'හප්පේ... අතේ මැණික් කටුවේ ඉඳලා උරහිසට වළලු දාලා'

එතකොට ඒ හැම එකක්ම උදව් කරන්නේ මොකේටද? අර කෙලෙස් වලටයි. ද්වේශයත් එහෙමයි. රාගයත් එහෙමයි. ගැටීමත් එහෙමයි. ඉරිසියාවත් එහෙමයි. ඉතින් ඒවා විසින් තමන්ව හසුරුවනවා නම්, ඔය අතරේ පොඩ්ඩක් හිත පහදියි. ඒ පහදින එකත් හැඟීමකම කොටසක් නම් ඒ හැඟීමකම කොටසක් වෙච්ච පැහැදීමට අර කෙලෙස් බලය මැඬලන්න බෑ. හොඳට

තේරුම් ගන්න මේ කියන එක. හැඟීමකම කොටසක් වුනොත් චිත්ත ප්‍රසාදය කෙලෙස් බලය මැඩලන්න බෑ.

අවබෝධයෙන් යුක්තව යායුතු ගමනක්....

හැඟීමක කොටසක් නොවී නුවණින් සැලකීමේ කොටසක් වෙන්න ඕනෙ. ඒ ශ්‍රද්ධාව නුවණින් සලකන ශ්‍රද්ධාවක් වුනොත් ඊළඟ පාර එයා උපදින්නේ ගිනි පෙට්ටියයි ගිනි කූරයි අතේ අරන්. මේ ආත්මේ ඒක නැත්නම් ඊළඟ ආත්මෙත් නෑ. දැන් තේරුනාද කියාපු එක? ඉතින් ඒ නිසා මේක අපි කොච්චර නම් අවබෝධයකින් යන්න ඕන ගමනක්ද?

ඒ නිසයි මේ පින් කරන ඒවා, ධර්මයේ හැසිරෙන ඒවා, භාග්‍යවතුන් වහන්සේ කෙරෙහි හිත පහදින ඒවා අර්ථයක් කරා යන විදිහට හරි ගස්සගත්තහම සිහි කර කරා අපිට සතුටු වෙන්න පුළුවන්. අන්න ඒ විදිහට මේ ජීවිතේ තුණුරුවන් කෙරෙහි සිත පහදවා ගෙන චතුරාර්ය සත්‍ය අවබෝධ කරන ගමන යන්න අපට වාසනාව ලැබේවා!

සාදු! සාදු!! සාදු!!!

02.

සවස් වරුවේ ධර්ම දේශනය...

ශ්‍රද්ධාවන්ත පින්වත්නි,

අද උදේ වරුවේ අපි සාකච්ඡා කළා සංසාරේ දෙවියෙකුට වේවා මනුස්සයෙකුට වේවා වාසනාවට පිහිටන්න ඕන මූලික දේ. මොකක්ද ඒ? ප්‍රඥාව. බුදුරජාණන් වහන්සේ ඒකට උපමාවක් දේශනා කළා. ඔබ දැකලා තියෙනවා සමහර රවුම් වහලවල් එක මුදුනක් තියෙන. ඒ මුදුනේ තියෙන්නේ තනි රවුම් ලීයක්. ඒ ලීයට තමයි අර පරාල ඔක්කොම වද්දන්නේ. ඒ මැද තියෙන රවුම් ලීය නැත්නම් එක පරාලයක්වත් වද්දන්න බෑ. ඒ රවුම් ලීයට කියනවා කැණිමඬල කියලා. එතකොට එහෙනම් අර මුදුන් වහල ගහන්න අනිවාර්යයෙන්ම තියෙන්න ඕනෙ මොකක්ද? කැණිමඬල.

කැණිමඬල වැනි ප්‍රඥාව....

බුදුරජාණන් වහන්සේ දේශනා කරනවා මේ කුසල් දහම් කෙනෙකුට වැඩෙන්න නම් අනිවාර්යයෙන්ම තියෙන්න ඕනෙ දේ තමයි ප්‍රඥාව. එහෙනම් අපි තේරුම් ගන්න ඕනෙ මේ කුසල් දහම් වැඩෙන්න මූලිකව උදව්

කරන ගුණයක් තමයි ප්‍රඥාව. ප්‍රඥාවට තව වචනයක් සඳහන් වෙනවා ධර්මයේ යෝනිසෝ මනසිකාරය කියලා. ඒ යෝනිසෝ මනසිකාරයේ, එහෙම නැත්නම් ප්‍රඥාවේ ලක්ෂණය මොකක්ද? ඒකේ ස්වභාවය මොකක්ද? ඒ ප්‍රඥාව හෝ යෝනිසෝ මනසිකාරය ඇතිකරවන දෙයක් තමන්ගේ කනට ඇහුනොත් ඒක ඇතිවෙනවා.

ප්‍රඥාව, එහෙම නැත්නම් යෝනිසෝ මනසිකාරය කෙනෙකුගේ හිතේ තියෙනවා කියමු. ඒක ඔහේ තියෙනවා. ඒක හරියට වතුරෙන් උඩට ආපු නෙළුම් පොහොට්ටුව වගේ. එතකොට බාහිරින් ලැබෙන භාග්‍යවතුන් වහන්සේගේ ධර්මය හරියට හිරු කිරණ වගේ. එතකොට හිරු කිරණ වැදුනොත් අර නෙළුමට මොකද වෙන්නේ? ඒකේ බලෙන් පෙති දිගහරින්න දෙයක් නෑ. පෙත්ත පෙත්ත හිමීට දිග ඇරෙනවා. ඒ හිරු කිරණ වැටුණහම නෙළුමට වෙන දෙයක්.

යෝනිසෝ මනසිකාරයේ ලක්ෂණය....

ඒ වගේ බුදුරජාණන් වහන්සේ නමකගේ නිර්මල ධර්මයක් ඒ විදිහටම කෙනෙකුට ඇහුනොත් ඒ ඇසුනහම ඒ කෙනාට අවබෝධ වෙන්න උවමනා විදිහට යෝනිසෝ මනසිකාරය හැදෙනවා කියන්නේ ඒක තමයි යෝනිසෝ මනසිකාරයේ තියෙන ලක්ෂණය. ඒක ප්‍රඥාවේ තියෙන ලක්ෂණය. එතකොට ඒ ධර්මය අහනකොට ඒක හැදෙන්නෙ නෑ කියලා කියන්නේ ප්‍රඥාව නෑ කියන එකයි. එහෙනම් ධර්මය අහන කෙනෙකුට, ධර්මයේ හැසිරෙන කෙනෙකුට අභ්‍යන්තර වශයෙන් උපකාරී වන දේ මොකක්ද? ප්‍රඥාව. එහෙම නැත්නම් යෝනිසෝ මනසිකාරය.

බුදුරජාණන් වහන්සේගේ කාලයේ නානාප්‍රකාරයේ අදහස් තිබුනු, නානාප්‍රකාර මත තිබුනු මිනිස්සු හිටියා. හැබැයි ඒගොල්ලන්ගේ හිතේ තිබුනා ඔය ලක්ෂණය. මොකක්ද ඒ? නුවණින් මෙනෙහි කරන්න පුලුවන්කම, ප්‍රඥාවෙන් දකින්න පුළුවන්කම. හැබැයි තිබුනා කියලා කිව්වට ඒ තිබෙන බව තමන් දන්නෙ නෑ. තමන් දැනග න්න ඕනත් නෑ. තමන්ට දැනගන්න ක්‍රමයකුත් නෑ. නිර්මල ධර්මය තමන්ට ඇහුනා නම්, ඒ ඇහුනු ධර්මය අවබෝධ කරවීම යෝනිසෝ මනසිකාරයේ ලක්ෂණයයි. යෝනිසෝ මනසිකාරය නැති කෙනෙක් දිවා රාත්‍රී අහ අහ හිටියත් එයා ඉන්නේ පරණ තැනමයි.

බලෙන් ප්‍රතිඵල ගන්න බෑ.....

මේ නිසයි අපි ප්‍රඥාව ගැන මෙච්චර විස්තර කළේ. මේකේ තේරුම භාග්‍යවතුන් වහන්සේගේ ධර්මයේ ප්‍රතිඵල බලෙන් ගන්න බෑ කියන එකයි. අපේ හිතේ තියෙන ප්‍රඥාව වැඩ කරන ආකාරය, එහෙම නැත්නම් යෝනිසෝ මනසිකාරය පිබිදෙන ආකාරය ලෝකයේ දන්නේ බුදු කෙනෙක් විතරයි. ඒක පිටස්තර වෙන කිසි කෙනෙකුට බෑ. අදත් ලෝකෙ හරියට ඉන්නවා විමුක්තිය හොයාගෙන යන අය. විමුක්තිය හොයාගෙන ගියාට විමුක්තිය ලැබෙන්නෙ නෑ. ඒකට හේතුව තමයි ප්‍රඥාවේ තියෙන අඩුවයි, නිර්මල ධර්මය අහන්න ලැබෙන්නෙ නැතිකමයි.

බුදුරජාණන් වහන්සේගේ කාලයේ බොහෝ පිරිසක් හිටියේ ඔය ප්‍රඥාව පිහිටපු අය. යෝනිසෝ මනසිකාරය පිහිටපු අය. දැන් අපි ගමු ඒ යුගයේ හැටි. බුදුරජාණන් වහන්සේ පිරිනිවන් පාලා අවුරුදු දෙසිය තිස් හයක් ගත

වුණහම තමයි මිහිඳු මහ රහතන් වහන්සේ ලංකාවට වැඩියේ. ඒ වෙද්දි ලංකාවේ හිටිය මනුස්සයින්ටත් තිබුනා අර යෝනිසෝ මනසිකාරය කියන එක හිත ඇතුලේ. එතකොට පිටින් ලැබුනේ මොකක්ද? ධර්මය. ධර්මය ලැබෙනකොට ම අවබෝධ වුනා.

හිස් දෙයක් හැටියට මේ ලෝකය දිහා බලන්න....

ප්‍රඥාවෙන් ලොව බලන්න හැකියාව තියෙන අයට බුදුරජාණන් වහන්සේ දේශනා කරනවා අනිත්‍ය වශයෙන් දකින්න කියලා. එතකොට පට ගාලා එයාගේ යෝනිසෝ මනසිකාරය වැඩ කරන්න ගන්නවා. දුක් වශයෙන් දකින්න කියනවා. අනාත්ම වශයෙන් දකින්න කියනවා. බුදුරජාණන් වහන්සේ මෝඝරාජ කියන නුවණැති කෙනාට කියනවා **"සුඤ්ඤතෝ ලෝකං අවෙක්ඛස්සු මෝඝරාජ සදා සතෝ"** 'මෝඝරාජ, හැම තිස්සේම සිහියෙන් ලෝකය බලන්න හිස් දෙයක් වගේ.

එතන ලෝකය කිව්වේ මොකක්ද? ඇස දිහා, කන දිහා, නාසය දිහා, දිව දිහා, කය දිහා, මනස දිහා බලන්න කිව්වා හිස් දෙයක් වගේ. මොකෙන් හිස්ද? මම කියන දෙයින් හිස් දෙයක්, මගේ කියන දෙයින් හිස් දෙයක්, මගේ ආත්මය කියන දෙයින් හිස් දෙයක් වගේ ලෝකය දිහා බලන්න කිව්වා. එහෙම ලෝකය දෙස බලනකොට මොකද වෙන්නේ?

මාරයාට නොපෙනී ඉන්න හැටි....

බුදුරජාණන් වහන්සේ දේශනා කරනවා **"අත්තානුදිට්ඨිං ඌහච්ච"** එහෙම හිස් දෙයක් වගේ

ලෝකෙ බලද්දි අර තමාගේ වසඟයේ පවත්වන්න පුළුවනි කියලා තමන් ගාව තිබුනු දැඩි මතය ඉදිරිලා යනවා. **"ඒවං මච්චුතරෝ සියා"** එතකොට ඔබ මාරයා තරණය කරන්නේය. මාරයාව පාස් කරගෙන යනවා. **"ඒවං ලෝකං අවෙක්ඛන්තං"** ඒ විදිහට ලෝකය දෙස බලද්දි **"මච්චුරාජා න පස්සති"** මාරයාට ඔබ නොපෙනේ.

බුදුරජාණන් වහන්සේ මෝඝරාජට ඒ කාරණය පැහැදිලි කරන්නේ ඒ මෝඝරාජගේ හිතේ තියෙන ප්‍රඥාවේ ප්‍රමාණයටයි. මෝඝරාජට ඒ කතාව කියනකොට ඔහුගේ යෝනිසෝ මනසිකාරය, ඔහුගේ ප්‍රඥාව ඒකත් එක්ක බද්ධ වෙනවා. ඊට පස්සේ ඒක වැඩ කරන්න ගන්නවා. සුළු වෙලාවකින් ධර්මය අවබෝධ කරනවා. දැන් අපි මේ පාඩම් කරන් ඉන්නවා. අපි මෙනෙහි කරගන්න බලනවා. මෙනෙහි කරගන්න බෑ. තේරුම් ගන්න බලනවා, ඒක වහගෙන දෘෂ්ටි එනවා. ඒක වහගෙන පටලැවිලි එනවා. මොකක්ද හේතුව? ප්‍රඥාව අඩුයි.

ප්‍රඥාව ඇර අනිත් සෑම මෝඩකමක් ම තියෙනවා....

බුදුරජාණන් වහන්සේ ඒ විදිහට එක එක ශ්‍රාවකයන්ගේ ස්වභාවය බල බලා ඒ ඒ ස්වභාවයේ අයට එහෙම ධර්මය දේශනා කරනවා. දේශනා කරද්දී මොකද වෙන්නේ? ඒ භික්ෂූන් වහන්සේලාට ඒ ධර්මය අහනකොට හොඳට ප්‍රඥාව වැඩකරන්න ගන්නවා. දැන් ඔබට තේරෙනවද අපි උදේ කතාවෙදි කිව්වා අද වර්තමාන ලෝකයේ මනුස්සයාට නැත්තේ මොකක්ද? ප්‍රඥාව හැර සෑම මෝඩකමක්ම තියෙනවා. නැත්තේ ප්‍රඥාව. හැබැයි

වර්තමානයේ මනුස්සයා හිතාගෙන ඉන්නේ උන්දැලා වගේ ප්‍රඥාවන්තයෝ කොහේවත් නැතෙයි කියලා. ඒක තමයි ලොකුම මෝඩකම.

ප්‍රඥාවන්තයා එතෙර වෙලා ගියා. ප්‍රඥාවන්තයා නිවන් දැක්කා. අනාගාමී වුනා. සකදාගාමී වුනා. සෝවාන් වුනා. ඒ ප්‍රඥාවන්ත අයට තමයි ආර්ය අෂ්ටාංගික මාර්ගය විවෘත වුනේ. ආර්ය අෂ්ටාංගික මාර්ගය විවෘත වෙන්නේ සම්මා දිට්ඨියෙන් නම්, ඒ සම්මා දිට්ඨිය ඇති වෙන්නේ ප්‍රඥාවන්තයාට නම්, ඒ ප්‍රඥාවන්තයා ඒක කරගෙන ගියා. දැන් අපිත් මහන්සි වෙනවා ඒක කරන්න. ඒක අපිට හරි විදිහට කරගන්න බැරි වුනොත් මොකද වෙන්නේ? අපි නිකම් ඒක ආභරණයක් කරගනීවි. නමුත් ප්‍රඥාවෙන් කළයුතු දේ වෙන්නේ නෑ.

ප්‍රඥාවේ ආරම්භය....

සම්මා දිට්ඨිය ඇති වුනහම පදනම මොකක්ද? පදනම තමයි එයා සැණෙකින් හඳුනගන්නවා මේ කුසල්, මේ කුසල් මුල්, මේ අකුසල්, මේ අකුසල් මුල්. ඕක තමයි ප්‍රඥාවේ ආරම්භය. එතකොට ප්‍රඥාවේ ආරම්භය මොකක්ද? කුසල් අඳුනගන්න එක. කුසල් මුල් අඳුනග න්න එක. කොහේ තියෙන කුසල්ද? තමන්ගේ. මේ කුසල් කියලා තමන්ගේ කුසල් හඳුනගන්නවා. මේ කුසලයට මුල් වෙච්ච කාරණාව කියලා ඒක හඳුනගන්නවා. මේ අකුසලය කියලා තමන්ගේ අකුසලය හඳුනගන්නවා. මේ අකුසලයට මුල් වෙච්ච කාරණය කියලා අඳුරගන්නවා.

කුසලය අඳුරගත්තහම කුසලයට මුල් වෙලා තියෙන්නේ එක්කෝ ලෝභ නැතිකම. එහෙම නැත්නම්

ද්වේශය නැතිකම. එහෙම නැත්නම් මෝහය නැතිකම. අකුසලය තමන් තුළ හටගත්තහම අකුසලය හටගන්න මුල් වෙලා තියෙන්නේ එක්කෝ ලෝභය. එහෙම නැත්නම් ද්වේශය. එහෙම නැත්නම් මුලාව. මේක පට් ගාලා අඳුනාගන්නවා. ඒක තමයි ප්‍රඥාවේ මූලික ලක්ෂණය.

කෙස් පැලෙන තර්ක....

කෙනෙකුට හිතෙන්න පුළුවන් තව කෙනෙකුගේ ධාරණ ශක්තිය දිහා බලලා, එහෙම නැත්නම් තව කෙනෙකුගේ කල්පනාව දිහා බලලා, කෙනෙක් සියුම් විදිහට කතා කරනවා කියලා 'ආ... මෙයා නම් ප්‍රඥාවන්තයෙක්' කියලා. මොකද හේතුව, කෙස් පැලෙන තර්ක කියලා ඔබ අහලා තියෙනවාද? කෙස් පළනවා කියන්නේ ගොරෝසු එකක්ද? සියුම් එකක්ද? සියුම් එකක්. එතකොට කෙනෙක් කෙස් පැලෙන තර්ක සියුම් විදිහට කළොත් මෝඩ ලෝකය මොකක්ද හිතන්නේ? මේ මහා නුවණැත්තෙක් කියලා හිතනවා. ඇයි හේතුව? ලෝකයේ නුවණැත්තා කියන්න එබඳු දේවලුත් සම්මත කරගෙන ඉන්නවා.

අත්දැකීම් වලින් මනුෂ්‍යයා මෝරන්නෙ නෑ....

කෙනෙක් ඉන්නවා මහා දැනුමක් තියෙනවා, ලොකු විෂය පථයක් තියෙනවා. අපි ගත්තොත් සාගරය ගැන, ආකහේ ගැන, පොළව ගැන, ගහකොළ ගැන, සතාසීපාවා ගැන දන්නවා. මේ ඔක්කොම විස්තර කියනකොට මිනිස්සු කියනවා 'හා... මේ තැනැත්තා මහා නුවණැත්තෙක්' කියලා. නමුත් එයා කුසල් දන්නෙත්

නැත්නම්, කුසල් මුල් දන්නෙත් නැත්නම්, අකුසල් දන්නෙත් නැත්නම්, අකුසල් මුල් දන්නෙත් නැත්නම් නුවණින් කළයුතු කිසිවක් කරන්න බෑ.

එතකොට බලන්න අපිට මේ ජීවිතයේ ගොඩක් උපකාරී වෙන්නේ දැන උගත්කම ම නෙමෙයි. අත්දැකීම් ගොඩක් තිබීම නෙමෙයි. අත්දැකීම් වලින් මනුෂ්‍යයා මෝරනවා කියලා මං විශ්වාස කරන්නේ නෑ. කියවීමෙන් මනුෂ්‍යයා මෝරනවා කියලා මං විශ්වාස කරන්නෙ නෑ. මං විශ්වාස කරන්නේ මනුෂ්‍යයා මෝරන්නේ ප්‍රඥාවෙන්මයි. ඒ මෝරන්න උපකාරී වෙන්නේ භාග්‍යවතුන් වහන්සේගේ ධර්මයයි. ඒ ධර්මයෙන් තොරව ඒක ලෝකෙ වෙන කිසි කෙනෙකුට කරන්න බෑ.

බුද්ධ කාලේ හරි අසිරිමත් සිදුවීම් වුනා....

ධර්මය නැති ලෝකෙ ඉස්සරහ ඕනතරම් කරනම් ගහන්න පුළුවන්. ඇයි ධර්මය නැති ලෝකෙ ඉස්සරහ ගහන ගහන කරණම විජ්ජාවක්, විසිතුරු දෙයක්. ධර්මය තියෙන ලෝකය මීම්ම හඳුනනවා. ඒකයි උන්වහන්සේ දේශනා කළේ මාගේ ධර්මය තියෙන්නේ ප්‍රඥාවන්තයන්ටයි කියලා. ප්‍රඥාවන්ත මනුෂ්‍යයා දිහා බලලා උන්වහන්සේ ධර්මය කියනවා. කිව්වම ඒක අවබෝධ වෙනවා.

බුදුරජාණන් වහන්සේගේ කාලේ පුන් පොහොය දවසක ඔබ අහලා තියෙනවා නේද සාතාගිර හේමවත කියලා යක්ෂයෝ දෙන්නෙක් ආකහේ ඉඳගෙන බුදුරජාණන් වහන්සේ ගැන කතා වුනා. එතකොට කාලි කියලා උපාසිකාවක් හිටියා සොල්දරේ වාඩි වෙලා. ඈට ඇහෙනවා මේ කතන්දරේ. මොකද වුනේ? සෝවාන්

වුනානේ. හිරු නැගෙන්නේ කොහෙන්ද, හිරු රැස් වැටෙන්නේ කොතන්ටද, එතන තියෙනවා නම් පිපෙන දෙයක් පිපෙන එක ස්වභාවයක්.

කුසල් අකුසල් හඳුනගන්න ඕනෙ....

හිරු රැස් පොකුණට වැටෙද්දී නෙළුම තියෙන්නේ පොකුණ අස්සේ නම්, වතුර අස්සේ නම් පිපෙන්නේ නෑ. ඒ නිසා මේ විග්‍රහයන් හරී හොඳයි තමන්ගේ ජීවිතය තේරුම් ගන්න. නැත්නම් ඉතින් අපි 'ආ... අපි ධර්මය ඉගෙන ගන්නවා. අපි අරක ඉගෙන ගන්නවා, මේක ඉගෙන ගන්නවා. දැන් අපිට අරක පාඩම්. මේක පාඩම්, ඊළඟ එක පාඩම්' කිය කිය අපිටත් පුළුවන් කියෝ කියෝ ඉන්න.

ඒ වුනාට අපේ ජීවිතයේ වෙනසක් වෙන්නෙ නැත්නම්, ඒ කියන්නේ මේක කුසල් කියලා හඳුනගන්න අපි සමර්ථ නැත්නම්, මේක අකුසල් කියලා හඳුනගන්න සමර්ථ නැත්නම්, මේක තමයි කුසලයට මුල් වෙලා තියෙන්නේ කියලා තමන්ට පේන්නෙ නැත්නම්, මේක තමයි අකුසල් වලට මුල් වෙලා තියෙන්නේ කියලා තමන්ට පේන්නේ නැත්නම් තමන් කුසල් වඩන්නෙ කොහොමද? අකුසල් දුරු කරන්නේ කොහොමද? ඒ එකක්වත් බෑ.

මාර්ගඵල කිසි කෙනෙකුට දෙන්න බෑ....

ඒකයි මම කිව්වේ මේ කාලේ ඒ නුවණ කියන එක ඇතිකරගන්න පිළිවෙළක් අපිට හොයන්න බැරි ඒක උපතින් එන්න ඕන නිසා. ධර්මය තියෙනවා. හිරු පායනවා. පොකුණ තියෙනවා. නෙළුම් තියෙන්නේ වතුර

අස්සේ. එතකොට මොකක්ද වෙන්නේ? හෙමින් හෙමින් ඒ නෙළුම් ඒ වතුරෙම මෝර මෝර තියෙන්න ඕනෙ. මේරුවහම පිපෙන මට්ටමට ආවා නම් හිරු රැස් ආපු ගමන් පෙත්ත පෙත්ත දිග හැරෙන එක ඒකේ ස්වභාවය.

දැන් මේවයින් තේරුම් ගන්න මාර්ගඵල බාහිර කිසිම කෙනෙකුට දෙන්න බෑ. ඒක කරන්න පුළුවන් බුද්ධ ගුණයෙන් යුතු බුදුරජාණන් වහන්සේට විතරයි. ඒ කොහොමද ඒක කරන්නේ? උන්වහන්සේ ඒ කෙනාගේ ප්‍රඥාව කොහොමද කියලා බලනවා. මොකද සමහරවිට එයාගේ ප්‍රඥාවට උවමනා කරන පුංචි ගිනි පුපුර එහෙම නැත්නම් පුංචි එළිය එයාගේ හිතේ පැළ වෙලා තියෙන්නේ ගොඩක් කාලෙකට කලින්. එතකොට ඒක පත්තු වෙන රටාවට උන්වහන්සේ ධර්මය කියනවා.

ප්‍රඥාව අවදි වෙන පිළිතුරු....

සමහර අවස්ථාවල සමහරු ඇවිල්ලා බුදුරජාණන් වහන්සේගෙන් අහන්නේ වෙන ප්‍රශ්නයක්. නමුත් බුදුරජාණන් වහන්සේ වෙන උත්තරයක් දෙනවා. හැබැයි ඒ උත්තරය අහනකොට එයා සෝවාන් වෙනවා. මොකද හේතුව, එයාගේ ප්‍රඥාව අවදි වෙන්නේ ඒ උත්තරෙන්. ඒ වගේ විස්තර ගොඩාක් තමයි අපි මේ බුද්ධ දේශනා වල ඉගෙන ගෙන තියෙන්නේ. බුදුරජාණන් වහන්සේ අර ප්‍රඥාව අවදි කරවන්න, නැත්නම් යෝනිසෝ මනසිකාරය අවදි කරවන්න දේශනා කරපු දේශනා රාශියක් දීඝ නිකායේ, මජ්ඣිම නිකායේ, සංයුත්ත නිකායේ, අංගුත්තර නිකායේ, ඛුද්දක නිකායේ ආදී ග්‍රන්ථ වල සඳහන් වෙනවා.

දැන් ඔන්න බුදුරජාණන් වහන්සේ තව්තිසාවට වැඩම කරලා මාතෘ දිව්‍ය රාජයා ප්‍රමුඛ පිරිසට සියුම් ධර්මය අභිධර්මය දේශනා කළානෙ. ඒක ඒ දෙවිවරුන්ට තේරුනා. අපි මෙහේ පාඩම් කරගෙන රණ්ඩු අල්ලනවා 'උඹ අභිධර්මය ඉගෙන ගත්තෙ නෑ... මම ඉගෙන ගත්තා... මං දන්නවා... නුඹ දන්නෙ නෑ...' කිය කිය. එතකොට එයා මොකක්ද දන්නෙ නැත්තේ? කුසල් දන්නෙත් නෑ. අකුසල් දන්නෙත් නෑ. කුසල් මුල් දන්නෙත් නෑ. අකුසල් මුල් දන්නෙත් නෑ. මිසදිටුවක ඉන්නේ. මිසදිටුවක ඉඳලා තමන්ගේ දැනුම හුවා දක්වලා මේකේ ගන්න දෙයක් නෑ.

මට එක රැයක් ජීවත් වෙන්න දෙන්න....

බුදුරජාණන් වහන්සේගේ කාලෙත් හිටියා ප්‍රඥාව නැති අය. හිත පහදවගන්න බැරි අයත් හිටියා. බුදුරජාණන් වහන්සේගේ කාලේ එක විවාහක තරුණයෙක් පැවිදි වුනා. පැවිදි වෙලා භාවනා කරනවා. දැන් මේ ගෑණු එක්කෙනා වෙන මනුස්සයෙක් එක්ක ලෙංගතුකම. ඊට පස්සේ ඒ ගෑණු එක්කෙනා භය වුනා 'දැන් මේ සිවුරු පොරවපු මගේ ස්වාමියා බැරිවෙලාවත් සාසනේ ගැන කලකිරිලා ගෙදරට ආවොත් කම්මුතුයි' කියලා. දැන් බලන්න නුවණත් නෑ, පැහැදුනෙත් නෑ.

ඊට පස්සේ තැරැව්කාරයෝ කැඳවලා සල්ලි දීලා කිව්වා 'අපේ මනුස්සයා දැන් මහණ වෙලා ඉන්නේ. ආං අසවල් පළාතේ ඉන්නේ. ගිහින් මරාපං' අල්ලස් අරගෙන හොරු ටික ගියා. දැන් මේ අහිංසක භික්ෂුව භාවනා කරනවා කැලේක. අල්ලගත්තා. අල්ලගෙන දැන් මරන්න හදන්නේ. එතකොට මේ භික්ෂුව කියනවා 'පින්වත්නි,

මාව මරන්න එපා... මට එක රැයක් ජීවත් වෙන්න ඉඩ දෙන්න...' කිව්වා. එතකොට හොරු ටික කියනවා 'බෑ... බෑ... දෙන්නෙ නෑ. ඒ රැය තුළ උඹ මක්කරයිද කවුද දන්නෙ? අපිට සාක්කි නෑ' කිව්වා.

දහමට දිවි පුදා වාසය කළ භික්ෂුවක්....

ඊට පස්සේ මෙයා කිව්වා 'නෑ... මං පැනලා යන්නෙ නෑ. මං ඉන්නවා... මං මේ පොඩී වැඩක් කර කර ඉන්නේ. මට මේක කරගන්න ඉඩ දෙන්න...' කිව්වා. බෑ කිව්වා. ඊට පස්සේ මෙයා මොකද කළේ ලොකු කළු ගලක් ගත්තා. කකුල් දෙක දිග ඇරියා. තමන්ම කළුගල උඩට දාලා දණිස් දෙක තලාගත්තා. තලාගෙන ඇහුවා 'මේ සාක්කිය මදිද? දැන් මට යන්න පුළුවන්ද? මේ බලන්න...' කිව්වා.

ආනන්තරිය පාපකර්මය සිද්ධ වුනා....

එතකොට මේ භික්ෂුව කොහොම මෙනෙහි කරන්න ඇද්ද ධර්මය? කොහොම වීරියක් ගන්න ඇද්ද? කොහොම ජීවිතය තේරුම් ගන්න මහන්සි ගන්න ඇද්ද? මේ සසර ගැන කොච්චර තේරෙන කෙනෙක් වෙන්න ඇද්ද? කොච්චර වටහා ගන්න ඇද්ද මේ කාරණය? අන්න ඒකට ප්‍රඥාව කියන්නේ. පාන්දර වෙද්දි රහතන් වහන්සේ නමක් හැටියට පිරිනිවන් පෑවා.

ඒ අසනීපෙන් රහතන් වහන්සේ නමක් හැටියට පිරිනිවන් පානකොට ගැණි හිටියේ ඇත වෙන්න පුළුවනි. ඒකිට මක් වුනාද? ආනන්තරිය පාප කර්මය සිද්ධ වුනා. ඒ තලන්න උදව් කරපු සියලු දෙනාටත් ආනන්තරිය පාප

කර්මය සිද්ධ වුනා. දැන් ඒගොල්ලෝ කොහේ ඇද්ද? කල්පයක් නිරයේ. දැන් බලන්න පින් රැස්කරගන්නවත් වාසනාව නැති අය. සිත පහදවා ගන්නවත් වාසනාවක් නෑ.

අමනුස්සයෝ නොමග යවන්න පුළුවන්....

දැන් මම කිව්වා ඔන්න එක වාසනාවක් අපිට අහිමියි. මොකක්ද ඒ? ධර්මය දැකීමේ වාසනාව. එහෙම නැත්නම් ප්‍රඥාව දියුණු කිරීමේ වාසනාව අහිමියි. අඩු ගණනේ ඊළඟ වාසනාව වත් තියෙන්න ඕනෙ. මොකක්ද ඒ? සැනසිල්ලේ සීලයක් ආරක්ෂා කරගෙන, බණ පොතක් කියවගෙන, දානෙ පොඩ්ඩක් දීගෙන, තිසරණය රැකගෙන, අහිංසකව ඉන්න තියෙන වාසනාව. ඒකත් අහිමි කරගත්තොත් ඉතුරු වෙන්නේ අකුසල් විතරයි.

බුදුරජාණන් වහන්සේ ඉස්සෙල්ලාම බැලුවේ ප්‍රඥාවන්තයා දිහා. ඒ ප්‍රඥාවන්තයා දිහා බලලා, නැත්නම් යෝනිසෝ මනසිකාරය පිහිටලා තියෙන කෙනා දිහා බලලා මේ කාරණය පැහැදිලි කළා. සමහරු ඉන්නවා භාවනා කරන්න තමයි වැඩිපුර ආසා. භාවනාත් කරනවා, හිතත් සමාධිමත් වෙනවා. බුද්ධ කාලෙත් හැබැයි මේවා තිබුනා. මොකක්ද ඒ? අමනුස්සයෝ නොමග යවනවා. කොහොමද නොමග යවන්නේ?

අනේ.... රහත් කෙනෙක් දැක්කා....

අපි ගමු කෙනෙක් භාවනා කරනවා කියලා. අමනුස්සයෝ පෙනී හිටලා වන්දනා කරලා කියනවා 'අනේ... රහත් කෙනෙක් දැක්කා...' කියලා. එතකොට

අර භාවනාවෙන් පෙනිච්ච එක ගැන මෙයාට මොකක්ද වෙන්නේ? දැන් මෙයා හිතනවා 'ඇත්ත තමයි මං දැන් රහත් වුනා' කියලා. මට එක ආච්චි කෙනෙක් හම්බ වුනා ඒ ආච්චි කිව්වා එයා රහත් වුනාය කියලා. ඉතින් මං ඇහුවා ආච්චි කොහොමද ඔයා රහත් වුනේ? මං මෙහෙම සමාධියක් වඩලා ඉහළට ගියාම මට පේනවා ආකහේ දෙබෑ කොරාන එනවා විෂ්ණු දිව්‍ය රාජයා. මල් මාලයක් අරං ඇවිල්ලා කරට දැවා කිව්වා. කරට දාලා කිව්වා රහත් කෙනෙක් මේ කියලා.

ඉතින් අපිට බැරිවුනා ඒ ආච්චිගේ හිතේ පහළ වෙච්ච ඒ දෘෂ්ටිය නැති කරන්න. ඇයි හේතුව? මේ විඤ්ඤාණය මායාකාරීයි කියලා කතා කළාට අර අත්දැකීම ඉදිරියේ ප්‍රඥාවට තැනක් තිබුනෙ නෑ. මේ ප්‍රඥාව නැති නිසා වෙන දේවල්. මේ විදිහට සමහරුන්ට එක එක දේවල් භාවනාවෙනුත් පේනවා. සමහරුන්ට නිකනුත් පේනවා මේ දෙවිවරු යනවා, ආලෝක පාත්වෙනවා. රැස් විහිදෙනවා. ඒකට ගිහි පැවිදි කතාවක් නෑ. තමන්ගේ සංසාරේ තිබිච්ච මොනව හරි දෙයක් ඒ.

ප්‍රඥාවට තියෙන ඉඩකඩ නැතුව යනවා....

එතකොට මේකට කෙනෙක් රැවටෙනවා හා... මං මේ දැන් රහත් වෙලා ඉන්නේ කියලා. කෙනෙක් හිතාමතා රවට්ටන්නත් පුළුවන්. රවට්ටපු ගමන් ඒ කෙනා එක පාරක් රැවටුනොත් ආයෙ නිවැරදි වෙනතාක් රැවටෙන එක වෙන්නේ. ඉතින් එහෙම වුනහම ප්‍රඥාවට තියෙන යම් ඉඩකඩක් ඇද්ද ඒකත් නැතුව යනවා. ප්‍රඥාවට තියෙන තැන නැති වුනාට පස්සේ එයා මුලාවට

පත් වෙනවා කියන එක සාමාන්‍ය කාරණාවක්. පේන්නෙ නැති ලෝකෙත් බැල්ම හෙලාගෙන තමයි ඉන්නේ.

දැන් අපි මේ මනුස්ස ලෝකෙ ආවට ඔබ දන්නවද අපේ පස්සෙන් තව මැරිච්ච පෙර සංසාරෙ අය කොච්චර එනවද කියලා. දන්නෙ නෑනෙ. අපි පාරේ යද්දි කොච්චර දකිනවා ඇද්ද පූරුවේ අය. එහෙම ලෝකෙක තමයි අපි මේ මනුස්ස ලෝකෙ ඉපදිලා ඉන්නේ. අපි ඒ රටාවේ කොටස්කරුවෝ. එහෙම ඉඳගෙන තමයි (ප්‍රඥාවක් අපිට තියෙනවද නැද්ද දන්නෙ නෑ) අපි මේ ධර්මය මෙනෙහි කරන්න කැමති විය යුත්තේ.

විමුක්තිය හොයන අය හරියට නොමග යනවා....

මං කිව්වනෙ අභ්‍යන්තරයේ අපිට යෝනිසෝ මනසිකාරය, නුවණින් මෙනෙහි කිරීමේ හැකියාව තියෙනවද කියලා අපිට පේන්නෙ නෑ. නමුත් අපිට කුසල් මේවා, කුසල් මුල් මේවා, අකුසල් මේවා, අකුසල් මුල් මේවා කියලා තමන් තුළින් තමන්ගේ ජීවිතයේ වෙන දේවල් තමන්ට තේරුම් ගන්න පුළුවන් නම් ඒ අනුසාරයෙන් තමන්ට නුවණක් යන්තම් තිබේද කියලා තේරුම් ගන්න පුළුවන්. දැන් බලන්න කොච්චර බුද්ධිමත්වද මේ ගමන යන්න තියෙන්නේ? හරියට නොමග යනවා මේ ලෝකෙ විමුක්තිය හොයන අය.

අපිට ඒ ප්‍රඥාවේ පැත්ත අහිමි වුනා කියලා අපි බාහිරින් ලබන්න තියෙන දේ අතඅරින්න හොඳ නෑ. මොනවද බාහිරින් ලබන්න තියෙන්නේ? භාග්‍යවතුන් වහන්සේගේ ධර්මයයි. ඒ ධර්මය ඉගෙන ගන්න එක

අතඇරියොත් ඊළඟ ආත්මෙටත් ප්‍රඥාව නෑ. මේ ආත්මේ ධර්මය ඉගෙන ගෙන, ධර්මය ප්‍රගුණ කරගෙන, හිත පහදවාගෙන, ඒක නුවණින් කල්පනා කර කර අපි යන්න ඕන.

මේ ආත්මේ ගන්න උත්සාහය ඊළඟ ආත්මෙටත් එනවා....

එතකොට අපිට ඒ ධර්මය ඉගෙන ගැනීමෙන් ඇති වෙනවනෙ සන්තෝෂයක්. ධර්ම ප්‍රීතියක් ඇති වෙනවා. ඒ ප්‍රීතියත් එක්ක ධර්මය ගැන මෙනෙහි කරලා 'කොච්චර ලස්සන ධර්මයක් බුදුරජාණන් වහන්සේ දේශනා කළාද' කියලා ඒ ගැන සතුටු වෙවී ඒක තේරුම් ගන්න කැමැත්තෙන් ඉන්න ඕනෙ. එතකොට ඒ උත්සහය නිසා තමයි ප්‍රඥාව පිහිටන්න පටන් ගන්නේ. ඒ උත්සාහය මේ ආත්මේ කරන්නෙ නැත්නම් මේ ආත්මේ නොකරපු දේ ඊළඟ ආත්මයට යන්නේ නෑ. මේ ආත්මේ කරපු දෙයක් ඊළඟ ආත්මෙට යනවා.

දැන් මේ ආත්මේ කරලා තියෙන්නේ කේළම් කීම නම් ඊළඟ ආත්මෙට යනවද නැද්ද? ඒක යනවා. අනුන්ගේ ඇද සෙවීම නම් ඒක යනවාද නැද්ද? මාන්නය නම් ඒවා තමයි ඔක්කෝම අරගෙන යන්නේ. මේ ජීවිතයේ බොහොම අහිංසකව ධර්මය ඉගෙන ගනිමින් ධර්මය පුරුදු කරමින් ගියා නම් ඒ ධර්මයට ඇති වෙච්ච පැහැදීමත් අරගෙන යනවා. එතකොට පින්වත්නි, ප්‍රඥා කොටස තමයි දැන් මං ඔය විස්තර කළේ. ඒක ඔබ මතක තියාගන්න මෙහෙම.

සිත පහදවා ගැනීමෙන් ලැබෙන රැකවරණය....

ප්‍රඥාවේ තියෙන මූලික ලක්ෂණය මොකක්ද? කුසල් අකුසල් හඳුනගන්න එක. ඒ මූලික ලක්ෂණය තේරෙන්නෙ නැත්නම් ත්‍රිපිටකධාරී වුනත් වැඩක් නෑ. ප්‍රඥාව නෑ. ඊට පස්සේ මම කිව්වා අපිට ඊළඟට බොහෝම ප්‍රයෝජන වෙන කාරණය මොකක්ද? සිත පහදවාගෙන පින් කිරීම. මේ සිත පහදවාගෙන පින් කිරීම අපිට රැකවරණයක් සලස්වලා දෙනවා. මොකක්ද රැකවරණය? දුගතියෙන් වළක්වන එක. දුගතියෙන් වළකින්න ඕනෙ නැද්ද? දුගතියෙන් වළකින්න ඕන. ඇයි දුගතියෙන් වැළකිය යුත්තේ? දුගතියේ උපන්නොත් ආයෙ ධර්මයේ හැසිරෙන්න අවස්ථාවක් ලැබෙන්නේ නෑ. පින් කියන මාත්‍රයක් අහන්න ලැබෙන්නෙ නෑ.

මං බුදුබව පතනවා....

එක කාලෙක මට මතකයි දැන් ඒ කාරණය කිව්වට කමක් නෑ මං. මම ඔය ආරණ්‍යයකට ගියහම එහේ හිටියා තරුණ භික්ෂුවක්. බුදුබව පතනවා. මං ඉතින් කිව්වා අනේ ස්වාමීනී, ඕක නම් මං හිතන්නෙ නෑ හරි දෙයක් කියලා. ඇයි මං ඒක හරි දෙයක් කියලා හිතන්නෙ නෑ කිව්වේ? මං ඒ වෙද්දිත් බුද්ධ දේශනා කියවලා තියෙන්නේ. කිසිම බුද්ධ දේශනාවක බුදුබව පතන්න උදව්වක් නෑ. එතකොට උන්වහන්සේ 'හප්පා... එහෙම කියන්න එපා. මේ බලන්න උතුම් දෙයක් මං මේ කරන්නේ' කිව්වා. ඒක අධිෂ්ඨානයකින් වගේ කතා කරපු නිසා මං කැමති වුනා.

ආයෙ දවසක් මං කැලේ පැත්තෙන් පැනගෙන තවත් හාමුදුරු කෙනෙක් එක්ක උන්වහන්සේව බැහැදකින්න ගියා. යනකොට කුටියක වහළට උළු දානවා. උළු දාන්න උන්වහන්සේ වහළට නැගලා ඉන්නවා. ගමේ ඉන්න උපාසක අම්මලා ටික ළඟ ඉඳලා පෝලිමේ උළු දෙනවා. එක පිරිමි පුළුටක් නෑ. ඒ දර්ශනය දුටු පමණින් මගේ හිතට අපහසුතාවයක් ඇතිවුනා. ඊට පස්සේ උන්වහන්සේ බැහැලා වැඩියා.

සිවුරු ඇරලා ගියා....

මං වන්දනා කරලා කිව්වා ස්වාමීනී, මං නම් අපැහැදුනා කිව්වා. ඇයි කියලා ඇහුවා. මං කිව්වා පිරිමි කෙනෙක් නැනෙ. කොයි වෙලාවේ කරදර ඇතිවෙයිද කියලා කවුද දන්නෙ කියලා ඇහුවා. නෑ නෑ මං තව අවුරුදු තුනකින් සම්පූර්ණයෙන්ම මේවා නවත්වලා මං දිගටම භාවනා කරනවා කිව්වා. මං කිව්වා හොඳයි එහෙනම් කියලා. ඔහොම ගිහින් අන්තිමේදි ඒ ගමේම ළමයි තුන් දෙනෙක් ඉන්න අම්මා කෙනෙක් පැටලුනා. පැටලිලා සිවුරු ඇරියා. සිවුරු ඇරලා ඈත පළාතකට ගියා.

ඊට පස්සේ මං ආයෙත් අසවල් හාමුදුරුවන්ට මක් වුනාද කියලා ඉතින් කල්පනා කරනවා. (මගේ හිතවත් යාළු හාමුදුරු කෙනෙක්) ඔන්න ආරංචි වුනා දේවාලයක් කරනවා කියලා. ඔන්න ටික කාලයක් ගියාම ආරංචි වුනා බොන්න පටන් අරන් කියලා. ටික කාලයක් ගියාම ආරංචි වුනා මළා කියලා. බලන්න පටන් ගත්තු දේ ඉවර වුනේ කොහොමද? මොකද හේතුව? ධර්මය නෙමෙයි ඉස්සරහට ගත්තේ තර්කය.

ධර්මය නිතර නිතර ඉගෙන නොගන්න නිසා වෙන දේවල්....

බුදු පසේබුදු මහ රහත් මේ තුනෙන් එකක් අපි ප්‍රාර්ථනා කරන්න ඕනෙ කියන එක ධර්මයෙන් උගන්වන එකක් නෙමෙයි. ඒක සම්ප්‍රදායෙන් උගන්වන එක. ධර්මයෙන් කියන දේ අහුවෙච්ච නැති නිසා වෙච්ච දේ. ඉතින් මේ වගේ සිද්ධි වෙනකොට මම කල්පනා කරනවා කොහොමද මේවා වෙන්නේ? ඇයි මෙහෙම වෙන්නේ? එතකොට තේරෙන්නෙ මොකක්ද? මේ බුදුරජාණන් වහන්සේගේ ධර්මය නිතර නිතර ඉගෙන ගන්නේ නැතිකම නිසා වෙන දේවල්.

හොඳට තේරුම් ගන්න. ප්‍රඥාව පිහිටලා නැත්නම් ධර්මය නිතර නිතර සේවනය කරන්න වෙනවා. ධර්මය නිතර නිතර සේවනය නොකළොත් ආයෙ හිටපු තැනට කැරකිලා යනවා. ඒක වළක්වන්න බෑ. එතකොට ධර්මයෙන් තමයි පිළිසරණ ලැබෙන්නේ. ධර්මය දැනගත්තත් සමහර අයට අකුසල් රැස්වෙනවා. ඒ මොකද හේතුව? ධර්මය දැනගන්නවා කියන්නේ එකක්. හීන වීරිය කියන්නේ එකක්. එතකොට වීරියෙන් කළයුතු දේ මතකයෙන් කරන්නෙ නෑ. වීරියෙන් කළයුතු දේ වීරියෙන්මයි කරන්නේ. සිහියෙන් කළයුතු දේ සිහියෙන්මයි කරන්නේ. නුවණින් කළයුතු දේ නුවණින්මයි කරන්නේ. සමාධියෙන් කළයුතු දේ සමාධියෙන්මයි කරන්නේ. ඉන්ද්‍රිය සංවරයෙන් කළයුතු දේ ඉන්ද්‍රිය සංවරයෙන්මයි කරන්නේ.

අපි මේ සසරේ අමාරුවේ වැටිච්ච පිරිසක්....

අපි හිතනවා 'හරි... අපි ධර්මය මෙහෙම ඉගෙන ගන්නවා... අපි පොත් කියවනවා... ඒ නිසා අපේ ප්‍රශ්න විසඳෙන්න ඕනෙ... අකුසල් දුරු වෙන්න ඕනෙ...' කියලා. එහෙම වෙන්නෙ නෑ. මේක හොඳට අපි තේරුම් ගන්න ඕනෙ. අපි අමාරුවේ වැටිච්ච පිරිසක් මේ සසරේ. ඔබට මතකද මං සමහර දවස් වලට කියලා තියෙනවා අපිට බත් කන්න පින තියෙනවා. වාහනයක යන්න පින තියෙනවා. ගෙයක් දොරක් හදාගෙන ඉන්න පින තියෙනවා. නමුත් අපි දන්නවද ඊළඟ ආත්මේ අපිට සුගතියේ යන්න පින තියෙනවද කියලා? දන්නෙ නෑ. කුසල් වඩන්න පින තියෙනවද කියලා දන්නෙ නෑ.

එතකොට අපි ආස කරන්න ඕනෙ අන්න ඒ නොදන්න කරුණු ටික, ජීවිතයේ වැදගත් කරුණු ටික දැනගන්නයි. සාමාන්‍යයෙන් හිතේ තියෙන මේ අවුල් ගතිය නැති වෙන්න හිමින් හිමින් ධර්මය ඉගෙන ගන්න ඕනෙ. හිමින් හිමින් කරන්න කියලයි අපි උගන්වන්නේ. ඇයි හේතුව? කලබලෙන් යන්න ඕන කට්ටිය ගියා. දැන් කාලේ කලබලෙන් කරගන්න බෑ. මේක හිමින් හිමින් ගුණධර්ම තමයි දියුණු කරගන්න තියෙන්නේ. ඒ විදිහට හිමින් හිමින් ගුණධර්ම දියුණු කරගන්න අපට උපකාර වෙන දෙයක් තමයි පැහැදීම.

පැහැදුනු කෙනාගේ ස්වභාවය....

ඒ පැහැදීම ඇති වුන එක්කෙනා ගැන දේශනා වල තියෙනවා. මොකක්ද එයා කරන්නේ? එයා දානෙ

දෙනවා. පැහැදුනාම දානෙ දෙනවා. පැහැදුනාම සිල් රකිනවා. පැහැදුනාම ධර්මය ඉගෙන ගන්නවා. ඒ චිත්තප්‍රසාදය ඇති වුනාට පස්සේ බොහොම නිහතමානීව ඒ බුදුරජුන්ට වන්දනාමාන කරනවා. ධර්මයට ගෞරව කරනවා. සංඝයාට ගෞරව කරනවා. මේ වගේ ලස්සන අහිංසක චරිතයක් එයාට හැදෙනවා. ආන්න ඒ චරිතය තමයි එයාට උදව් වෙන්නේ.

ඒ චිත්තප්‍රසාදය හරි විදිහට කරගන්න බැරි වුනොත් ඒක යට කරගෙන අකුසල් එන්න පුළුවන්. මොකද අපේ ජීවිතයේ බලපවත්වන්නේ ප්‍රධාන කරුණු දෙකයි. ඒ තමයි දුකත් දුක උපද්දවන දේත්. ඒ කියන්නේ දුකත් දුක්ඛ සමුදයත්. දුක කිව්වේ දැන් මේ ගත කරන ජීවිතේට කියන නමක්. දුක්ඛ සමුදය කිව්වේ ඇතුලේ කෙලෙස් මල්ල. මොනවද ඒ? ලෝභය, ද්වේශය, මෝහය, මාන්නය, ඉරිසියාව, ක්‍රෝධය, එකටෙක කිරීම, ගුණමකුකම, අකීකරුකම්, කෙළෙහි ගුණ දන්නෙ නැති එක. මේ වගේ අගුණ රාශියක් එක්ක තමයි අපි ඉන්නේ.

ධර්මාශෝක මහරජු....

නමුත් අපි ජීවිතය ගත කරන පිළිවෙළට ඒ අගුණ රාශිය කොහොමද වැඩ කරන්නේ කියලා අපිට හොයන්න බෑ. සමහර විට ඒවා තමයි අපිව මෙහෙයවන්නේ. කිසි දවසක අගුණයකින් ගුණයක් උපද්දවන්නෙ නෑ. අධර්මයකින් ධර්මයක් උපද්දවන්නෙ නෑ. අසත්පුරුෂ බවකින් සත්පුරුෂ බවක් උපද්දවන්නෙ නෑ. එහෙම වුනා නම් වැසිකිළි වලෙත් නෙළුම් පිපේ.

දැන් බලන්න හිතලා ඔන්න ධර්මාශෝක රජ්ජුරුවෝ අපි උදාහරණෙට ගමු. මෙයා බරපතල චණ්ඩියෙක්

හැටියට කාලයක් හිටියා. රට රාජ්‍ය යට කරගෙන ගියා. මිනිස්සු මැරුවා. අන්තිමට දුකසේ ඉන්දෙද්දී ඔන්න නිග්‍රෝධ රහතන් වහන්සේ ගැන හිත පැහැදුනා. බුද්ධ ශාසනය ගැන පැහැදුනා. අසූහාර දහසක් වෙහෙර විහාර කළා. තමන්ගේ ළඟට රජකමට හිටිය පුත්‍ර කුමාරයාත් පැවිදි කළා. තමන්ගේ දියණිය කුමාරිත් සාසනේ පැවිදි කළා.

භූත පිඹුරෙක් වුනා....

දැන් අපි හිතන අපේ ශ්‍රද්ධාවට වඩා ඒක බරපතල නැද්ද? දැන් ඒ දීපු ඒවත් එක්ක අපේ පැහැදීම මොකක්ද? අපි හිතන් ඉන්නේ අපි ගොඩාක් පැහැදිච්ච අය කියලා නොවැ. එතකොට ධර්මාශෝක රජ්ජුරුවන්ගේ පැහැදීම ඉදිරියේ අපේ පැහැදීම මොකක්ද? එහෙම පැහැදිච්ච කෙනාට ඒ පහන් සිතින් මැරෙන්න බැරුව ගියානේ. මරණාසන්න මොහොතේ දාසියක් අර වටා අත්තෙන් පවන් සලද්දි ඇගේ වැදුනා. වදිනකොට මාන්නෙ ආවා ඉස්සරහට. 'මේකිට මතක නෑ මං රජා' කියලා කල්පනා කළා. ඒ වෙලාවේ ඇතිවෙච්ච පටිඝ චිත්තය තමන්ව මහා භූත පිඹුරෙක් බවට පත්කළා.

බලන්න අර ඔක්කොම යටපත් වෙලා ඉස්සරහට ආවේ මොකක්ද? එහෙම බලද්දි මොකක්ද අපිට තේරුම් ගන්න තියෙන්නේ? හැබෑම ආරක්ෂාව එතකොට කොහෙද තියෙන්නේ? හැබෑම ආරක්ෂාව තියෙන්නේ සම්මා දිට්ඨියෙන්. සෝවාන් වීමෙන්. ළඟ ආරක්ෂාව තියෙන්නේ අඩමානෙන්. ස්ථිර ආරක්ෂාව තියෙන්නේ මාර්ගඵල ලැබීමෙන්. අඩමානෙන් නම් ළඟ ආරක්ෂාව තියෙන්නේ ඒක මේ වගේ එකක්.

පාලමෙන් යන විදිහට ඒදණ්ඩෙත් යන්න බෑ....

අපි ගමු ඔන්න ඇලක් තියෙනවා. ඇලෙන් එගොඩ වෙන්න පාලමක් තියෙනවා. පාලමෙන් අපිට ඕන නම් බැරිද ඇස් වහගෙන යන්න. දුවගෙන යන්න බැරිද? තනි කකුලෙන් පැන පැන යන්න බැරිද? මොකුත් වෙන්නෙ නෑ. ඇලට වැටෙයිද? නෑ. ඇයි ඒ හේතුව? පාලමෙන් ඒ ආරක්ෂාව ලැබෙනවා. අපි කියමු පාලමක් නෑ. ඒදණ්ඩක් තියෙනවා. දැන් කොහොමද එයා යන්න ඕනෙ? දැන් එයා අඩමානෙට නේද යන්න තියෙන්නේ ඒකේ? අර පාලමේ ගියපු ගමන යන්න පුළුවන්ද එයාට? බෑ. තනි කකුලෙන් පැන පැන යතහැකිද? බෑ. කතාබස් කර කර යතහැකිද?

ඒ ඒදණ්ඩෙ පියවරක් පාසා කල්පනාවෙන් යන්න ඕනෙ. සිහියෙන් යන්න ඕනෙ. ඇයි හේතුව? සිහියෙන් ගියේ නැත්නම් වැටෙන්න පුළුවනි. සමහර කෙනෙක් 'හා... අපිට ප්‍රශ්නයක් නෑ... මොන ඒදඬුද...? අපි පාලම් වල ගිහිල්ලා පුරුදු ඇත්තෝ... අපි යනවා...' කියලා ඇස් වහගෙන ගියොත් යන්න ලැබෙයිද? යන්න ලැබෙන්නෙ නෑ. ඒ වගේ මේ හිත පහදවාගෙන යන එක අඩමානෙන් තියෙන එකක්.

ස්ථිර විසඳුම....

එතකොට ස්ථිර විසඳුම තියෙන්නේ චතුරාර්ය සත්‍යය අවබෝධ වීමේ විතරයි. එතකොට ස්ථිර විසඳුම හැටියට චතුරාර්ය සත්‍යාවබෝධය තිබෙද්දී ඇයි මේ අස්ථිර විසඳුමකුත් අපි කතා කරන්නේ? පාලමක් නැත්නම්

ඒදණ්ඩක්වත් තිබීම යහපත් නොවේද? ඒදණ්ඩක්වත් නොතිබුනොත් ඒක නේද බරපතලකම? හිත පහදවා ගත්තට පස්සේ සෝවාන් වුනා වගේ එකක් නෙමෙයි. සෝවාන් වෙච්ච එක්කෙනාට බාහිරින් උපද්‍රවයක් නෑ. සෝවාන් වෙච්ච එක්කෙනාට මිත්‍යා දෘෂ්ටියෙන් අභියෝගයක් නෑ. අමනුස්සයින්ගෙන් අභියෝගයක් නෑ. පේන ලෝකෙන් අභියෝගයකුත් නෑ. පේන්නෙ නැති ලෝකෙන් අභියෝගයකුත් නෑ. සෝවාන් වෙච්ච එක්කෙනෙකුට කිසි භයක් වෙන්න දෙයක් නෑ.

මිසදිටු පවුල් වලට බන්දලා දුන්නේ....

ඒ නිසා තමයි අර සුමන සිටුවරයා තමන්ගේ සෝතාපන්න වෙච්ච දුවණියෙ භය නැතුව බන්දලා දුන්නා. ධනඤ්ජය සිටුතුමා තමන්ගේ දියණිය වූ විශාඛාව භය නැතුව බන්දලා දුන්නා. අනේපිඬු සිටුතුමා තමන්ගේ දියණිය වූ චූල සුභද්‍රාව භය නැතුව බන්දලා දුන්නා. ඒ බන්දලා දුන්නේ සම්මා දිට්ඨියෙන් යුතු පවුල් වලටද? නෑ. මිසදිටු පවුල් වලට භය නැතුව බන්දලා දුන්නා. ඇයි හේතුව? පිරිහෙන්නෙ නෑ. වෙනස් වෙන්නෙ නෑ. ඒ සම්මා දිට්ඨියෙන් දෙන රැකවරණය වෙන දේකින් දෙන්න බෑ.

එතකොට කෙනෙකුට සම්මා දිට්ඨිය කරා යන්නත් බැරිනම්, එයාට කරන්න තියෙන එකම දේ චිත්තප්‍රසාදය නම්, එහෙනම් එයා ගොඩාක් සැලකිලිමත් විය යුත්තේ ඒ චිත්තප්‍රසාදය ආරක්ෂා කරගැනීමටයි. බුදුරජාණන් වහන්සේගේ කාලේ හිඟන්නෙක් හිටියා. කකුල් වල කුෂ්ඨ හැදුනා. ඒ කෙනා බුදුරජාණන් වහන්සේ දවසක් ධර්මය කියද්දී ඇවිල්ලා පැත්තකට වෙලා ඇන තියාගෙන

ඉන්නවා. උන්වහන්සේ දැක්කා මෙයා ආවේ ධර්මය අහන්න නෙමෙයි. කන්න හොයාගෙන. හැබැයි දැක්කා මෙයා තුළ තියෙනවා අර ප්‍රඥාව. යෝනිසෝ මනසිකාරය. බුදුරජාණන් වහන්සේ ධර්මය දේශනා කළා. හිරු මඬල පෑව්වා. නෙළුම පිපුනා. සෝවාන් වුනා.

සක් දෙවිඳුගේ උපක්‍රමය....

සෝවාන් වෙන්න ඉස්සර වෙලා මෙයාව කවුරුවත් ගණන් ගත්තේ නෑ. කුෂ්ඨයා කියලා අයින් කරලා දාපු එක්කෙනෙක්. එතකොට සක්දෙවිඳු කල්පනා කළා මේ කෙනා දැන් සෝතාපන්න වෙච්ච ආර්ය ශ්‍රාවකයෙක්. තවදුරටත් මේ කෙනාට මිනිස්සු කුෂ්ඨයා කියලා බාල කරලා කතා කලොත් ඒ ඔක්කොටම අකුසල් රැස්වෙනවා. පව් රැස්වෙනවා. මිනිස්සු මේක දන්නෙ නෑනෙ. මිනිස්සුන්ව බේරගන්න ඕනෙ. (බලන්න සක්දෙවිඳු කොච්චර කරුණාවන්තද කියලා) කියලා උපායක් කළා.

දැන් මෙයා තනියම පාරේ යනවා. යනකොට ඔන්න ආකාසේ පේනවා දිව්‍ය රාජයෙක්. මෙයා ළඟට ඇවිත් කියනවා 'පින්වත, ශ්‍රමණ ගෞතමයන් ළඟ ඉඳලද එන්නේ?' ඔව් කියනවා. 'ඔබ දැන් කාලයක් තිස්සේ සිඟා කමින් නේද ජීවත් වෙන්නේ?' ඔව් කියනවා. 'එහෙනම් මං ඔබට සැපසේ වාසය කරන්න ධනය දෙනවා. වස්තුව දෙනවා. ඔබ කියන්න ශ්‍රමණ ගෞතමයන් මේ ලෝකය අනිත්‍යයි කියලා කිව්වා. ලෝකෙ අනිත්‍ය නෑ. ලෝකෙ නිත්‍ය දේවල් තියෙනවා. සදාකාලික දේවල් තියෙනවා කියලා ඔබ කියන්න. ඔබට මං ඉල්ලන ධනයක් දෙන්නම්' කිව්වා.

කොහොමද එඩිතරකම...?

එතකොට එයා අහනවා 'උඹ ආකාසේ හිටියට කමක් නෑ. කියාපිය නුඹ කවුද...?' ඒ එඩිතර කම මාර්ගඵල නොලැබූ මනුස්සයෙකුට පිහිටයිද? නෑ. එහෙම කරලා බැනලා එලෙව්වා. බුදුරජාණන් වහන්සේට පහුවෙනිදා ගිහිල්ලා අර සෙනඟ මැද්දේ කියනවා 'භාග්‍යවතුන් වහන්ස, ඊයේ මම යද්දී හරි වැඩක් වුනා නොවැ' ඉතින් බුදුරජාණන් වහන්සේ අහනවා 'මොකක්ද උපාසක වුනේ?' ඉතින් කිව්වා මෙන්න මෙහෙම ආකාසෙන් දෙවි කෙනෙක් ඇවිල්ලා පෙනී ඉඳලා කතා කළා. භාග්‍යවතුන් වහන්සේ කියන කරුණු වැරදියි කියලා කියන්න කිව්වා. මට මහා නිධානයක් දෙන්නම් කියලා කිව්වා. මං හොඳ දෙකක් කියලා එලවගත්තයි කිව්වා. එතකොට මිනිස්සු අතර මෙයා ධර්මය අවබෝධ කරපු ශ්‍රාවකයෙක් කියන කාරණය මතුවුනා. එදා ඉඳලා මිනිස්සු ගරු කළා.

අද කාලේ එහෙම එකක් වුනා නම්....

අද කවුරු හරි කෙනෙක් මේ වැඩසටහනකට ඇවිල්ලා මල්ලත් අරගෙන ඔන්න පිටත් වෙලා යනවා. යනකොට දේවතාවුන් වහන්සේ කෙනෙක් පෙනී හිටලා කියනවා 'ආච්චියේ, මක්කටැයි දුක් විඳින්නේ? මං නිධානයක් දෙන්නම්. මහා ධන සම්පත් දෙන්නම්. උඹ කියාපං කොහේ යන බුදුවරුද?' ආච්චි පටස් ගාලා කැමති වෙයි. මොකද හේතුව? සම්මා දිට්ඨියේ පිහිටලා නැති නිසා.

එහෙනම් සම්මා දිට්ඨිය නොපිහිටපු කෙනෙකුගේ පැහැදීම බාහිර උපක්‍රමයකින් හානි කරන්න පුළුවන්. බාහිර

උපක්‍රමයකින් හානි කළහම ඒකේ අවාසිය තමයි තමන්ට තියෙන්නේ. සම්මා දිට්ඨිය නැත්නම් එයාට තියෙන චිත්තප්‍රසාදය අඩමානෙට තියෙන එකක්. එහෙනම් අපි මේ හඬ නගා බුදුගුණ කිය කියා, කඳුළු හලාගෙන, පෙරලීගෙන වැඳගෙන ගියත් ඒ ශ්‍රද්ධාව තියෙන්නේ අඩමානෙට. අඩමානෙට නම් ඒ පැහැදීම තියෙන්නේ ඒක කටින් කෙලින් කරන්න බෑ. ඒක මොකෙන්ද කරන්න ඕනෙ? එදිනෙදා මූණ දෙන පිළිවෙළින්. එදිනෙදා මුහුණ දෙන පිළිවෙළින් ඒ පැහැදීම රැකගන්න ඕනෙ.

මෙහෙම දේකුත් වෙන්න පුළුවන්....

සමහරවිට තමන්ගේ පැහැදීමට හානි වෙන විදිහට සංසාරේ පෙර කර්මයක් විපාක දෙන කාලයක් එනවා. ඔන්න එතකොට ව්‍යාපාර බංකොලොත් වෙනවා. යාළු මිත්‍රයෝ තරහ වුනා. ලෙඩ වුනා. අත ගහන ගහන එක වරදිනවා. මේ කර්ම විපාකයක් ඇවිල්ලා. නමුත් කර්ම විපාකයක්ය කියලා තමන් දන්නෙ නෑ. ඊට පස්සේ තව කෙනෙක් කියනවා 'ඒකනේ දැන් බලන්න ඔය වගේ කරදරයකට පත්වෙලා අසවල් කෙනත් හිටියා. යන්නකෝ අසවල් තැනට. කරන්නකෝ යාඥාවක්. සනීප වෙයි නේ'

එතකොට මෙයා හිතනවා. 'නෑ මං වගේ කෙනෙක් කරන්නෙ නෑ. මං බොහොම සර්ධාවෙන් යුක්තයි' ඔහොම කියද්දි කියද්දි හිතනවා 'නෑ නිකමට යං...' කියලා. නිකමට කියලා යන දවසේ කර්ම විපාකය ඉවරයි. ගිහිල්ලා යාඥා කොරලා ආවා. අත ගැහුවා හරි ගියා. දැන් මොකක්ද හිතෙන්නේ? 'මං මෙතෙක් කල් ධර්මය පුරුදු කළාට හරි ගියේ නෑ. ඕන්න යාඥා කොළාට පස්සේ හරි ගියා' කියලා.

ප්‍රඥාව නැති කෙනාට තියෙන අනතුරු....

කර්ම විපාකය ඉවර වෙච්ච එකයි වුනේ. ඒ බව තමන් දන්නෙ නෑ. අද ඉන්න මනුස්සයන්ගේ ශ්‍රද්ධාවට එබඳු හානි වෙනවාද නැද්ද? වෙනවා. ප්‍රඥාව නැති මනුස්සයාට තරම් අනතුරු වෙන කාටවත් නෑ. එතකොට ශ්‍රද්ධාව අඩමානෙට නම් තියෙන්නේ ඒ ශ්‍රද්ධාව නැති වුනහම හොඳ අවස්ථාවක් අකුසලයට. එයාව ඕන අකුසලයකට යොදවගන්න පුළුවන්.

සාරිපුත්ත මහ රහතන් වහන්සේ ළඟ විශාලා මහනුවරදි පැහැදිලා තරුණයො පන්සීයක් මහණ වුනා. කවුරු ළඟද මහණ වුනේ? සාරිපුත්ත මහ රහතන් වහන්සේ ළඟ. සුළුපටු කෙනෙක් ගාවද? පැවිදි වෙච්ච ගමන් ඉතින් මාර්ගඵලාවබෝධයක් ඇති වෙන්නෙ නෑ. පැවිදි වෙච්ච ගමන් ශ්‍රද්ධාව හටගන්නෙ නෑ. කාලයක් යනවා මේක තේරුම් ගන්න. පැවිදි වෙච්ච ගමන් ඉස්සෙල්ලා හිත පහදින්නේ ධර්මය තුළින් නෙමෙයි. බාහිර දේටයි. බාහිරින් හොඳ හැඩට හිටියා දේවදත්ත. දේවදත්ත දක්ෂ වුනා ඒ පන්සීය කඩාගෙන යන්න. කාගෙද ඒ ශිෂ්‍යයෝ? සාරිපුත්ත මහ රහතන් වහන්සේ ගේ ශිෂ්‍යයෝ පන්සීය කඩාගෙන ගියා.

විපතට පත්වෙන්න කලින් බේරගන්න....

දැන් ගයා ශීර්ෂයට ගිහිල්ලා ඉන්නවා. ඒ ශිෂ්‍යයෝ බොහොම මහන්සි වෙනවා දැන් ධර්මය අවබෝධ කරන්න. බුදුරජාණන් වහන්සේ සාරිපුත්තයන් වහන්සේට කතා කරලා කියනවා 'සාරිපුත්ත, අර පන්සීය ම විපතට පත්වෙන්න කලින් ඉක්මනට ම ගිහින් බේරගන්න' කිව්වා.

විපත කිව්වේ මොකක්ද? දැන් භාග්‍යවතුන් වහන්සේ කෙරෙහි පැහැදීමකින් ඉන්නවා. ධර්මය කෙරෙහිත් පැහැදීමකින් ඉන්නවා. සංඝයා කෙරෙහිත් පැහැදීමකින් ඉන්නවා. නමුත් පුද්ගලයෙකුට රැවටිලා ඉන්නේ.

කාටද රැවටුනේ? දේවදත්තට රැවටිලා ඉන්නේ. ඒ රැවටීම දිගට පැවැත්වුවොත් ඒකේ ප්‍රතිඵලය මොකක්ද? අර පැහැදීම නැතුව යනවා. බුදුරජාණන් වහන්සේ කෙරෙහි තියෙන පැහැදීම නැතුව යනවා. ධර්මය කෙරෙහි තියෙන පැහැදීම නැතුව යනවා. ශ්‍රාවක සංඝයා කෙරෙහි තියෙන පැහැදීම නැතුව යනවා. නැතුව ගියාට පස්සේ ඒ පැහැදීම නැති වෙච්ච කෙනා ලවා ඕන අනතුරක් කරන්න පුළුවන්.

වැරදි විදිහට තේරුම් ගන්න හැටි....

බුදුරජාණන් වහන්සේ වදාළා මේ සඟ පිරිසට එහෙම දෙයක් වෙන්න කලින් බේරගන්න කිව්වා. එතකොට තමයි සාරිපුත්ත මොග්ගල්ලාන මහ රහතන් වහන්සේලා පිටත් වුනේ ගයා ශීර්ෂය බලා. එතන හිටියා භික්ෂුවක් අලුත පැවිදි වෙච්ච. එයා හඬා වැටුනා. බුදුරජාණන් වහන්සේ අඬගැහුවා. 'ඇයි භික්ෂුව මේ හඬා වැටෙන්නේ...?' 'අනේ භාග්‍යවතුන් වහන්ස, අග්‍රශ්‍රාවකයන් වහන්සේලත් දේවදත්තගේ පැත්ත ගත්තා' කිව්වා. 'ඇයි එහෙම කියන්නේ?' ආන්න වඩිනවා කිව්වා ගයා ශීර්ෂයට.

බලන්න ඒ කාලෙත් තොරතුරු වරදිනවා නේද? බුදුරජාණන් වහන්සේ වදාළා 'නෑ භික්ෂුව, කලබල වෙන්න කිසිම දෙයක් නෑ. එහෙම මොකෝවත් වෙන්නෙ නෑ'

කිව්වා. ඔන්න දැන් සාරිපුත්ත මොග්ගල්ලාන දෑගසව්වන් වහන්සේලා වැඩියට පස්සේ දේවදත්තට අර පිටේ රුජාව හටගත්තා. ඊට පස්සේ කිව්වා 'මගේ පිටේ පොඩ්ඩක් රුජාව. හාන්සි වෙන්නම් ටිකක් වෙලා. මේ සංඝයාට දහම් දෙසන්න' කිව්වා. (දේවදත්ත පාන්දර ජාමේ වෙනකම් බණ කියලා. අර පන්සීය ම කන් යොමාගෙන අහගෙන ඉන්නවනෙ මේ මගඵල ලබන්න) හාන්සි වුනාට පස්සේ උන්දැට හොඳටම නින්ද ගියා.

පැහැදීමේ අඩමානෙත් අවබෝධයේ ස්ථිරත්වයත්....

එතකොට සාරිපුත්ත මහ රහතන් වහන්සේ ධර්මය කියනවා. මහා මොග්ගල්ලාන මහ රහතන් වහන්සේ ඒවා ඉර්ධියෙන් පෙන්නලා දෙනවා. ඔන්න සම්මා දිට්ඨිය ඇතිවුනා. චතුරාර්ය සත්‍යය අවබෝධ වුනා. සෝවාන් වුනා. සාරිපුත්ත මහ රහතන් වහන්සේ එළිවෙන ජාමේ පාන්දර ඒ සංඝයාට කියනවා 'ඇවැත්නි, අපි දැන් පිටත් වෙනවා. ඔබ කැමති එකක් කරන්න' අනතුරක් දැන් තිබේද? නෑ.

සෝතාපන්න නොවී හිටියා නම් 'අපිට හරී පහසුයි. අපි මෙහේ ඉන්නම්' කියලා කියයිද නැද්ද? අනිවාර්යයෙන්ම කියනවා. දැන් දැක්කද මං කිව්වේ පැහැදීමේ අඩමානෙත් අවබෝධයේ ස්ථිරත්වයත්. එතකොට ඒ පන්සිය නමම එක සැණෙන් දෙහිතක් නැතුව එකපාරට කිව්වා 'ස්වාමීනී, අපිත් එනවා' කියලා. 'මේ උන්නාන්සේ නොවැ අපිව මෙතන්ට එක්කන් ආවේ. අපිට කන්ට බොන්ට දුන්නේ. අපිට නවාතැන් දුන්නේ.

ඒ නිසා අපි නොකියා යන එක හරි නැහැ නොවැ. අපි කියලා යන්න ඕනෑ' කියලා දේවදත්තව නැගිට්ටවන්න ගියෙත් නෑ. නිදන්න ඇරලා පිටත් වෙලා වැඩියා.

පැහැදීම කියන්නේ වචන වලට අයිති එකක් නෙමෙයි....

දැක්කද සෝතාපන්න වෙච්ච එක්කෙනාගේ ලක්ෂණය. නිකම් පැහැදිලා හිටියා නම් ඒවා සිහි කරලා මෙයාව නැගිට්ටෝනවා. එහෙනම් අර්බුදයක්. ඒ ප්‍රසාදය ගන්න බෑ මේ කාලේ. කයිවාරුවට පැහැදිලා පැහැදුනු බව වචනෙන් කියලා කිසි ඵලක් නෑ. 'මම නම් හරී පැහැදීමෙන් ඉන්නේ... මං හරී ආසයි... මට කඳුළු වැගිරෙනවා...' ඒ වගේ දේවල් මට නම් දැන් ඇහෙද්දී නිකම් සෙල්ලම් බත් උයනවා වගේ කතා. පැහැදීම කියන එක මේ වචන වලට අයිති එකක් නෙමෙයි. පැහැදීම කියන එක හිතේ ඇතිවෙන යම්කිසි ප්‍රසාදයක්.

දැන් බලන්න පින්වත්නි, හිතලා අපිට විසඳුම තියෙන්නේ ප්‍රඥාවෙන් කරගන්න එකෙන්මයි. නමුත් ඒ විසඳුමට යාගන්න තරම් අපිට ප්‍රඥාවකුත් නෑ. එහෙනම් දැන් ඉතුරු වෙලා තියෙන්නේ පැහැදීම. දැන් පැහැදීමත් අඩමානේ. දැන් තේරෙනවාද මනුස්ස ලෝකෙ තියෙන අවාසි. දැන් එහෙම තියෙද්දිත් පැලැන මොකක්ද? ලබන ආත්මෙත් මනුස්ස ලෝකෙට ඇවිල්ලා මේ වැඩේ කරන්න. ඇහැක් වෙයිද? හිතන්නවත් බෑ. මුලාවෙන් මුලාවට පත්වෙයි. රෑ වැටෙන වලේ දවල් වෙද්දි පේනවා වලේ වැටිච්ච බවවත්. දවල් වැටෙන වලේ කොහෙත්ම පේන්නේ නෑ.

පැහැදීම රැකගන්න එක තියෙන්නේ තමන්ගේ අතේ....

ඉතින් ඒ නිසා මේකේ පැහැදීම රැකගන්න එක කවුරු අතේද තියෙන්නේ? තමා අතේ තියෙන්නේ. මතකනේ සීවලී කුමාරයා අවුරුදු හතයි මාස හතයි දවස් හතක් සුප්පාවාසා උපාසිකාවගේ බඩේ හිටියා. සෑහෙන්න දුක් වින්දා. මොකක්ද ඒ? කර්ම විපාකයක්. ඒ සුප්පාවාසා උපාසිකාව සෝවාන්. ඇයගේ සැමියත් සෝවාන්. ඒ නිසා ඒගොල්ලන්ගේ පැහැදීමට අභියෝග නෑ. කවුරුත් නෑ ඒ පැහැදීම නැති කරන්න පුළුවන් කෙනෙක්. කොච්චර කායිකව දුක් වින්දත් ඒ ධර්මය කෙරෙහි පැහැදිච්ච එකට ම යනවා මිසක් ඒකට හානියක් වෙන්නෙ නෑ.

ඉතින් සුප්පාවාසා උපාසිකාව තමන්ගේ ස්වාමියාට කිව්වා 'ගිහින් කියන්න භාග්‍යවතුන් වහන්සේට මං මෙහෙම දුකක් විඳිනවා' කියලා. ඉතින් බුදුරජාණන් වහන්සේට ගිහින් කිව්වා. උන්වහන්සේ සෙත් පැතුවා. 'සුප්පාවාසා නීරෝග වේවා... නීරෝග දරුවෙකු බිහිකරාවා...' කියලා. කර්ම විපාකය ඉවරයි. මෙහේ කියද්දී දරුවා බිහිවුනා එහේ. දැන් පොඩි එකා ඉපදිච්ච දවසෙම ඇවිදිනවා. කතාබස් කරනවා.

කරුණු තුනකට ඇප වෙනවා නම් පුළුවන් කිව්වා....

දැන් සන්තෝසෙට හත් දවසක් දානෙ දෙන්න තීරණය කළා භාග්‍යවතුන් වහන්සේ ප්‍රමුඛ සංඝයාට. ආරාධනා කළහම කිව්වා 'බෑ... දැන් එහෙම කරන්න. මේ

මහා මොග්ගල්ලානයන්ගේ දායක පිරිසක් දානෙ දෙන්න බාර අරන් තියෙන්නේ' කිව්වා. මහා මොග්ගල්ලානයන්ට ඕක කියන්නෙයි කිව්වා. ඉතින් මොග්ගල්ලානයන් වහන්සේ හම්බ වෙලා කාරණය කිව්වට පස්සේ මහා මොග්ගල්ලානයන් වහන්සේ ඒ දායකයාගේ නිවසට වැඩියා.

වැඩලා කිව්වා 'පින්වත, සුප්පාවාසා උපාසිකාව දරුගැබක් දරාගෙන අවුරුදු හතකුයි මාස හතකුයි දවස් හතක් හරී දුකක් වින්දා. භාග්‍යවතුන් වහන්සේ සෙත් පැතුවා. දැන් බබා හම්බ වුනා. ඒගොල්ලන්ට හරි සතුටුයි. හත් දවසක් දානෙ දෙන්නයි කැමැත්ත. ඉතින් ඔබේ දාන වාරය ඒගොල්ලන්ට ලබාදෙන්න පුළුවන්ද?' කියලා ඇහුවා. ඇහුවහම කිව්වා 'ස්වාමීනී, කරුණු තුනකට ඇප වෙනවා නම් දෙන්නම්' කිව්වා. දැන් මම එළවළු හාල් පොල් ඔක්කොම ලෑස්ති කරලා තියෙන්නේ කිව්වා. මේවා නරක් වෙන්න දෙන්න බෑ කිව්වා. ඒක එකක් කිව්වා.

ශ්‍රද්ධාව ගැන මට ඇපවෙන්න බෑ....

දෙවෙනි එක මගේ ජීවිතය කිව්වා. තුන්වෙනි එක මගේ පැහැදීම කිව්වා. ඒක වෙනස් වෙන්න දෙන්නත් බෑ කිව්වා. එතකොට මහා මොග්ගල්ලාන මහ රහතන් වහන්සේ මොකක්ද වදාළේ? උපාසකය, එළවළු නරක් වෙන්නෙ නැතුව තියාගන්න බලාගන්නම් කිව්වා. හාල් පොල් මිරිස් ටික ඔක්කොම පුස් කන්නෙ නැතිවෙන්න බලාගන්නම් කිව්වා. ඔබේ ජීවිතය ගැනත් ඇපවෙන්නම් කිව්වා. හැබැයි ඔහේගේ ශ්‍රද්ධාව නරක් වෙන එක මට නම් බලාගන්න බෑ, ඒක තමන්ම බලාගන්න කිව්වා.

බලන්න එදා මහා මොග්ගල්ලාන මහ රහතන්
වහන්සේ වදාළ කරුණ අදට කොච්චර ඇත්තක්ද?
එතකොට තමන් තුල ඇතිවෙනවද යම්කිසි පැහැදීමක්
ඒ පැහැදීමට වග කියාගන්න ඕන කවුද? තමන්මයි වග
කියාගන්න ඕනෙ. පහන් සිත අපිට ඇතිකරලා දෙන්න
බෑ. ඒක තමන් විසින් ඇතිකර ගන්න ඕනෙ. ඒ පහන් සිත
ඇතිකර ගන්න ඔබ හිතන රටාව මොකක්ද කියලා අපිට
කියන්න තේරෙන්නෙ නෑ. ඒක තමන්ගේ ම රටාවකින්
තමයි තමන්ගෙ හිත පහදගන්නේ.

සමහරු එක එක විදිහට පහදිනවා....

සමහර කෙනෙක් හිත පහදිනවා බුදුරජාණන්
වහන්සේගේ ජීවිත කතාව අහලා. සමහර කෙනෙක්
පහදිනවා ධර්මය අහලා. සමහර කෙනෙක් පහදිනවා
උන්වහන්සේ පිරිනිවන් පෑවට පස්සේ උන්වහන්සේගේ
ධාතුන් වහන්සේලා වැඩසිටින විස්තර අහලා. එක
එක්කෙනා එක එක විදිහට පහදිනවා. එතකොට මොන
ආකාරයෙන් එයා පැහැදුනත් ඒ පැහැදීම ස්ථීර වෙන්නේ
සෝවාන් වෙච්ච දවසටයි. සෝවාන් වෙන තුරු පැහැදීම
අස්ථීරයි. අඩමානයි.

හැබැයි අඩමානෙට තිබුනත්, අඩමානෙට කරන
දේවල් වුනත් සාර්ථක වෙන්නෙ නැද්ද? අඩමානෙන්
කරන දේවල් වුනත් සාර්ථක වෙනවා. පැහැදීම
අඩමානෙට තිබුනත්, ඒකෙදි තමන්ගෙ හිතේ තියෙනවා
නම් මම මෙහෙම දෙවියන් අතරට යනවා, මම මේක
කරගන්නවා කියලා ඒ අපේක්ෂාවත් එක්ක එයා ඒ පහන්
සිත පවත්වනවා. අකුසලයට ඉඩ දෙන්නෙ නෑ. මං ඔබට
ඒකට රුකුල් දෙන හොඳ එකක් කියන්නම්.

මෙත් වැඩීමෙහි අනුසස්....

බුදුරජාණන් වහන්සේ දේශනා කළ මෛත්‍රියෙහි අනුසස් අතර මොනවද තියෙන්නේ? **මනුස්සානං පියෝ හෝති.** මිනිස්සු ප්‍රිය වීම අපිට උදව්වක් නෙමෙයිද? තරහකාරයෝ ටිකක් හදාගන්නවාට වඩා හිතවත් පිරිසක් ඉන්න එක උදව්වක් නෙමෙයිද? ආන්න මෛත්‍රියෙන් ඒක කරලා දෙනවා. ඊළඟට **අමනුස්සානං පියෝ හෝති.** අමනුස්සයන්ටත් ප්‍රිය වෙනවා. අමනුස්සයෝ තරහ කරගන්නවාට වඩා උන්දැලාත් ප්‍රිය වෙලා ඉන්නවා නම් නරකද?

ඊළඟට **දේවතා රක්ඛන්ති** දෙවියෝ රකිති. මේ භාග්‍යවතුන් වහන්සේගේ වචනයි. එතකොට කෙනෙක් ඔන්න මෛත්‍රී භාවනාවට හිත පැහැදිලා මෛත්‍රිය පුරුදු කරනවා කියමු. තරහ ගන්නෙ නැතුව හොඳට මෙත් සිත වඩමින් ඉන්නවා. මෙයා මෙත් සිත වඩමින් ඉන්න වෙලාවක මෙයාට මොකුත් කර්මයකුත් නැති වෙලාවක මෙයාට අමනුස්සයෙකුගෙන් හරි කාගෙන් හරි කරදරයක් වෙන්න තියෙනවා. එතකොට මෙයා මෙත් සිත වඩන කෙනෙක් කියලා දෙවි කෙනෙකුට තේරෙනවා. දෙවියන් අතර ප්‍රසිද්ධයි බුද්ධ වචනය.

දෙවිවරු බුද්ධ වචනය දන්නවා....

එතකොට මෙයා මෙත්සිත වඩනවා දැක්කහම මෙයා කරදරයක වැටෙන්න නම් යන්නෙ අර දෙවිවරු මැදිහත් වෙනවා. මොකද හේතුව? බුද්ධ වචනයක් බොරු කරන්න කිසි දවසක ධර්මය දන්න දෙවි කෙනෙක් ඉදිරිපත් වෙන්නෙ නෑ. ධර්මය දන්න දෙවියන්

හිතනවා 'දැන් මම දන්නවා බුදුරජාණන් වහන්සේ මෙහෙම දේශනා කළා. මොකක්ද? මෛත්‍රී චිත්තය වඩනවා නම් දෙවියෝ ආරක්ෂා කරනවා කියලා. දැන් මෙයාට කරදරයක් වෙන්න යන්නේ. මේක දැනගෙන මේ ධර්මයත් දැනගෙන මං හිටියොත් මට ස්වභාවිකව දඬුවම් ලැබෙනවා' කියලා දඬුවමට භය දෙවියෝ අරයව ආරක්ෂා කරනවා. දෙවිවරුත් දඬුවමට භයයි.

පණ්ඩිතයාට ඒදණ්ඩෙත් යන්න බෑ....

එතකොට දැන් බලන්න මේ ලෝක ස්වභාවය. මෛත්‍රියෙන් තමයි ඒක වෙන්නේ. මං කිව්වනේ අඩමානෙට පින් කෙරෙන්නේ කියලා. අඩමානෙට කියන වචනය වරදවා ගන්න එපා. නුවණ නැති කෙනාට ඒකත් ඇති අඩමානෙට ගන්න. කොහොමද ඒ? 'වැඩක් නෑ මේවා කරලා... ඔක්කොම අඩමානෙට නොවැ තියෙන්නේ... ඒ නිසා අපි ලබන ආත්මේ කොහේ යයිද දන්නෙ නෑ... අපේ මේ පැහැදීම ඉක්මනට නැති වෙයිද දන්නෙ නෑ...' කියලා.

අඩමානෙට ම හිතුවොත් ඒක මේ වගේ. ඔබ අහලා තියෙනවාද පණ්ඩිතයාට මොකේද යන්න බැරි? ඒදණ්ඩෙ යන්න බෑ. දවසක් සාමාන්‍ය මිනිහෙකුයි පණ්ඩිතයෙකුයි ගියා ඇලකින් එගොඩ වෙන්න. සාමාන්‍ය මනුස්සයා ආවා, සුටුස් ගාලා එගොඩ වුනා. පණ්ඩිතයා කල්පනා කළා දකුණු කකුල ඉස්සර වෙලා තිබ්බොත් ඇගේ බර කොහාට එයිද? වම් කකුල ඉස්සරහට තිබ්බොත් ඇගේ බර කොහාට එයිද? මැද යද්දි මගේ කකුල කොයි පැත්තට බර වෙයිද? යන්න පුළුවන්ද? බෑ. ඇයි හේතුව? ඒ පණ්ඩිතයාගේ පණ්ඩිතකොම.

සේඛබල ඇතිකර ගනිමු....

එතකොට මොකද වෙන්නේ? ඒ කල්පනා කරන රටාව තුළ ඒ ටිකත් නැතුව යනවා. ඒ වගේ තමයි මේ අඩමානෙට කියන වචනෙ වැරදියට අල්ල ගත්තොත් තියෙන ටිකත් නැති කරගනියි. අඩමානෙට කියලා කිව්වේ ඒකේ තියෙන ස්වභාවය. ඒකේ තියෙන ලක්ෂණය. නමුත් අපි තුළ ස්ථිර හැඟීමක් තියෙන්න ඕනෙ මං මේ දැන් ඉන්නවා යන්තම් බේරිලා, මම ඊළඟ පාරත් බේරුමක් හරිගස්ස ගන්නවා.

ඒකට තියෙන්නේ මේ භාග්‍යවතුන් වහන්සේගේ ධර්මය කෙරෙහි හිත පහදවා ගැනීම ශ්‍රද්ධා. සිල්වත් බව සීල. ධර්මය හොඳින් දැනගැනීම සුත. ඊළඟට දානය පුරුදු කිරීම ත්‍යාගය. එතනත් ඕනෙ. මොකක්ද? ප්‍රඥා. එතකොට පේනවා යම්කිසි විදිහක නුවණක් ඕනෙමයි තමන්ව බේරගන්න. ඒ විදිහට කෙනෙකුට ඕනෙ නම් පහන් සිත ඇතිකර ගෙන යන්න දැන් පරිසරයක් තියෙනවා. ධර්මයත් තියෙනවා. ධර්මය ඉගෙන ගන්න අවස්ථාවත් තියෙනවා. ධර්මය පුරුදු කරන්න අවස්ථාවත් තියෙනවා.

අකුසලයේ ආදීනව දැනගන්න....

මේ පහන් සිත ඇතිකරගන්න තවත් උපකාරී වන දෙයක් තමයි අකුසලයේ ආදීනව දැන සිටීම. බුදුරජාණන් වහන්සේ අපිට නිරය ගැන විස්තර කරලා දෙනවා. තිරිසන් අපාය ගැන විස්තර කරලා දෙනවා. ඒ මොනවද? පවෙහි ආදීනව. නරක නපුරු විපාක. ප්‍රේත ලෝකය ගැන විස්තර කරලා දෙනවා. ප්‍රේතවස්තු වල

තියෙන්නේ මොනවද? ප්‍රේත ආත්මවල ඉපදිලා විඳින දුක් තියෙන්නේ.

සමහර මිනිස්සුන්ගේ ඇඟට පෙරේතයෝ බැල්ම හෙළනවා. බෙහෙත් දානවා, තුවාලෙ සනීප වෙන්නෙ නෑ. ඇයි අර හැරව ටික පෙරේතයා කකා ඉන්නේ. මේ මිනිස්සුන්ගේ ඇඟේ. මේ වගේ පෙරේතයෝ ගොඩාක් දුක් විඳිනවා. මේවා ඇත්ත කතා. මේ විදිහට විස්තර කර කර බුදුරජාණන් වහන්සේ දේශනා කරනවා හරි බිහිසුණු සසරක් මේ. පව් කරන අයගේ පස්සේ දුක් එනවා කියනවා අර කරත්තේ බර දරාගෙන යන ගොනාගේ පිටුපස්සෙන් කැරකෙන රෝදය වගේ. ගොනාට පුළුවන්ද රෝදය බැහැර කරලා දුවන්න? බෑ.

අළු යට ගිනි පුපුරු....

ඒ වගේම බුදුරජාණන්වහන්සේ දේශනා කරනවා අළු යට තියෙන ගිනි පුපුර වගේ තිබිලා පස්සේ පුච්චගෙන යනවා කියනවා. ඊළඟට තියෙනවා "**මධුවා මඤ්ඤතී බාලෝ යාව පාපං න පච්චති**" මේ පව විපාක නොදෙනකම් අඥාන පුද්ගලයා හිතන්නේ හරී රසවත් දෙයක් හැටියට කියනවා. ඊළඟට බුදුරජාණන් වහන්සේ දේශනා කරනවා මේ කිරි මිදෙන්නැහේ (දැන් කිරි ටිකට උදේ මුහුන් දැම්මා නම් හවස මිදිලා) ඒ වගේ මේක වෙන්නෙ නෑ කියනවා.

මේක ගානට අළු යට තියෙනවා වගේ තිබිලා වෙලාවට ඉස්මතු වෙලා එනවා. මේ මොනවද කියන්නේ? අකුසල් වල විපාක, ආදීනවය. බුදුරජාණන් වහන්සේ මේ ආදීනවය පෙන්වා දීලා තියෙන්නෙ ඇයි? අප තුළ ඒ

ස්වභාවය තියෙන නිසා, ඒකෙන් බේරෙන්න. බුදුරජාණන් වහන්සේ නිරයේ විස්තරය දේශනා කරනකොට, ඒක අහලා ඔන්න අකුසල් තියෙන එක්කෙනාට භයක් හටගන්නවා 'අප්පේ... මෙහෙම ලෝක තියෙනවා. මම නම් මේවට යන්න කැමති නෑ...' කියලා ඔන්න අකුසලයෙන් බේරෙනවා.

අකුසලයෙන් බේරෙන්න උපකාරී වෙනවා ආදීනවය දැනගැනීම....

සතුන් මැරීමෙන් බේරෙන්න උපකාරී වෙනවා ආදීනවය දැන ගැනීම. හොරකම් කිරීමෙන් බේරෙන්න උපකාරී වෙනවා ආදීනවය දැනගැනීම. වැරදි කාම සේවනයෙන් බේරෙන්න උපකාරී වෙනවා ආදීනව දැනගැනීම. බොරුවෙන් වංචාවෙන් බේරෙන්න උපකාරී වෙනවා ආදීනවය දැනගැනීම. මත්පැන් මත්ද්‍රව්‍ය වලින් බේරෙන්න උපකාරී වෙනවා ආදීනවය දැනගැනීම. ඒ ආදීනව කවුරුවත් කිව්වේ නැත්නම් අපි කිසි කෙනෙක් දන්නෙ නෑ.

සාමාන්‍යයෙන් අපේ හිතේ ස්වභාවය අපි හිතිච්ච හිතිච්ච දේ කර කර හිටපු අය නේද? අපි හිතිච්ච හිතිච්ච විදිහට ජීවත් වෙච්ච අය. එහෙනම් ඒ පුරුදු නැද්ද අපි ළඟ? ඒ පුරුදු තියෙනවා. එතකොට අපි ඒ පුරුදු වලින් බේරෙන්නත් ඕනෙ. හිත අකුසලයට නැඹුරු වෙලා තියෙනවා. ඒකෙනුත් බේරෙන්න ඕනෙ. ඊළඟට පරිසරයෙන් උදව්වක් නෑ. ඒකෙනුත් බේරෙන්න ඕනෙ. ධර්මය ඉගෙන ගත්තට මතක හිටින්නෙත් නෑ. ඒකෙනුත් බේරෙන්න ඕනෙ. මේ ධර්මයේ හැසිරෙන්න ආසාවක් තිබුනට කරගන්නත් බෑ. ඒකත් ප්‍රශ්නයක්.

තාවකාලික සංවරබව....

එහෙනම් අපිට ගොඩාක් උදව් වෙන එකක් තමයි අකුසලයත් අකුසලයේ විපාකත් දැනගෙන තමා තුළ ඒ අකුසල් තියෙන බව දැනගැනීම. දැන් අපි තාවකාලිකව සංවර වෙලා ඉන්නවා. මේ සංවරකම බොහොම සුළු වෙලාවකට පෙන්නුම් කරන එකක්. දැන් අපි එළියට යනකොට ම අපි කියමු කවුරුහරි කෙනෙක් නිරපරාදෙ අපිට බනිනවා. අපේ සංවර කම නැතුව යන්න බැරිද? පුළුවන්.

මං කිව්වා අපිට තියෙන පළවෙනි අනතුර මොකක්ද? අවබෝධ කළයුතු ආකාරයට ප්‍රඥාව නෑ. ඔන්න එකක්. දෙවෙනි එක මොකක්ද? සිතේ තියෙනවා පැහැදීමක්. ඒ පැහැදීම වචන වලට අයිති එකක් නෙමෙයි. ඒක මේ හිතක ඇති වෙන්න ඕනෙ එකක්. ඒ පැහැදීම තියෙන්නෙත් අඩමානෙට. තුන්වෙනි එක මොකක්ද? අකුසල් ගැන ආදීනවය දන්නෙ නැත්නම් එයා අකුසල් ප්‍රහාණය කරගන්න දක්ෂ වෙන්නෙ නෑ. අඩුගණනේ අකුසල් මඟ ඇර ගන්නවත් දක්ෂ වෙන්නෙ නෑ.

දුක සහ දුකට හේතුව....

පළවෙනි එක ප්‍රඥාවත් නෑ. පැහැදීමත් බලසම්පන්න නෑ. ඕන කෙනෙකුට ඒ පැහැදීම බිඳින්න පුළුවන්. ඊට පස්සේ අකුසල් විතරයි තියෙන්නේ. මේ අකුසල් තියෙනවා කියන එකේ තේරුම මොකක්ද? එයා දුකයි දුකට හේතුවයි පවත්වනවා. දුකයි දුකට හේතුවයි පවත්වනකම් එයාට විවෘත මොකක්ද? නිරය. එහෙම නැත්නම් තිරිසන් අපාය. එහෙම නැත්නම් ප්‍රේත ලෝකය. එහෙම නැත්නම් අසුර ලෝකය.

එතකොට බලන්න මේ වර්තමාන මනුෂ්‍යයාට මේ ධර්මය කරා යන්න තියෙන හැකියාව අඩුයි කියන එක පැහැදිලි එකක් නෙමෙයිද? මම කිව්වේ ඒකයි අපිට නැත්නම් හිතෙන්න පුළුවන් 'අපිත් මිනිස්සු... මීට කලින් හිටියෙත් මිනිස්සු... බුද්ධ කාලේ හිටියෙත් මිනිස්සු... ඒ මිනිස්සුත් අපි වගේම කෑවා බිව්වා... ඒ මිනිස්සුන්ට තිබුනෙත් ඉන්ද්‍රිය හයයි... අපිට තියෙන්නෙත් ඉන්ද්‍රිය හයයි... එතකොට මේ බණ අහලා ඒ මිනිස්සු අවබෝධ කළා... අපිට මොකෝ බැරි...?' එහෙම හැඟීමක් එන්න බැරිද අපිට? පුළුවන්.

බුද්ධ කාලේ මිනිස්සුන්ටත් ප්‍රශ්න තිබුනා.... ඒත්....

නමුත් අපිට ඒක කරගන්න යද්දී තමයි තේරෙන්නේ ඒක වෙන්නෙ නෑ කියලා. එතකොට තේරුම් ගන්න ඕනෙ එහෙනම් අපේ අඩුව මොකක්ද? ප්‍රඥාවේ අඩුවක් කියලා. ප්‍රඥාව අඩුවෙච්ච ලෝකෙ, ශ්‍රද්ධාවට පැමිණෙන්න ඉඩකඩත් අඩුවෙච්ච ලෝකෙ, දුකත් දුකට හේතුවත් විතරක් පවතින ලෝකෙ, ඒ ලෝකෙට අයිති සෑම දේම තියෙනවා. මොනවද තියෙන්නේ? මේ අමනුෂ්‍ය ප්‍රශ්න, ඊළඟට රටේ ප්‍රශ්න, ශාරීරික ප්‍රශ්න, මානසික ප්‍රශ්න මේ සෑම දේම ඒ එක්කම එකතු වෙලා තියෙනවා.

බුද්ධ කාලෙත් මිනිස්සුන්ට කායික ප්‍රශ්න තිබුනා. මානසික ප්‍රශ්න තිබුනා. අමනුස්ස ප්‍රශ්නත් තිබුනා. හැබැයි ඒ කාලේ මෝරපු නෙළුම් වගේ මිනිස්සු හිටියා. හිරු රැස් විහිදෙනවා වගේ බුද්ධ වචනයත් ඇහුනා. එතකොට ඒගොල්ලෝ අවබෝධ කළා. නමුත් අර පොදුවේ සමාජය

විඳින ප්‍රශ්න ටික වින්දා. එහෙම වුනේ නැද්ද? දුර්භික්ෂ වලට මුහුණ දුන්නේ නැද්ද ඒ කාලේ මිනිස්සු? ස්වාභාවික විපත් වලට මුහුණ දුන්නෙ නැද්ද? ගංවතුර වලට මුහුණ දුන්නෙ නැද්ද? නියං වලට මුහුණ දුන්නෙ නැද්ද? මූණ දුන්නා.

හිරු මඬල අභියස ආනුභාව රහිත වූ කණ්දෝපැණියන්....

නියං සායකට මූණ දුන්නනෙ රජගහ නුවර. ඒ කාලේ බුදුරජාණන් වහන්සේ ඒ නගරයේ චාරිකාවේ වඩිද්දී නිගණ්ඨ නාතපුත්තට ආරංචි වුනා. ආරංචි වෙලා නිගණ්ඨ නාතපුත්ත තමන්ගේ භක්තිකයෙකුට අඬගහලා කිව්වා ඕන්න දැන් අවස්ථාව ශ්‍රමණ ගෞතමයන් එක්ක වාද කරන්න. මොකක්ද කියලා ඇහුවා. දැන් ශ්‍රමණ ගෞතමයන් ගාවට ගිහින් අහපං කිව්වා ස්වාමීනී, ඔබවහන්සේ මිනිස්සු කෙරෙහි කරුණාවන්තද කියලා. එතකොට ශ්‍රමණ ගෞතමයෝ කියාවි තථාගතවරු කරුණාවන්තයි කියලා.

එහෙනම් ඊට පස්සේ අහන්නෙයි කිව්වා එච්චර කරුණාවක් තියෙනවා නම් මේ කන්න නැති කාලේ, මේ කූපන් වලින් යාන්තම් හාල් ටිකක් අරගෙන ජීවත් වෙන කාලේ, මේ ලොකු සඟ පිරිසක් එක්ක ගෙවල් ගානෙ යන්නෙ මොකෝ ඒ මිනිස්සු උයාපුවා ඉල්ලගන්න. කරුණාවක් පැත්ත පළාතෙ නෑනෙ කියලා කියන්නෙයි කිව්වා. එතකොට ගිලගන්නත් බැරුව යයි කිව්වා. වමාරගන්නත් බැරුව යයි කිව්වා. ඊට පස්සේ උඹේ නම හැමතැනම ප්‍රසිද්ධ වෙයි කිව්වා ශ්‍රමණ ගෞතමයන්ව වාද කරලා පැරැද්දුවා කියලා.

මේ පවුල් විනාශ කරන්නේ ඇයි...?

ඉතින් මේ මනුස්සයා මේක අහගෙන වාදෙට ගියා. ගිහින් ඇහුවා ස්වාමීනී, ඔබවහන්සේ මේ මනුස්සයන් කෙරෙහි අනුකම්පාවෙන් යුක්තයිද? එතකොට බුදුරජාණන් වහන්සේ උත්තර දුන්නා 'පින්වත, මේ ලෝකෙ යම්කිසි කෙනෙක් අනුකම්පාවෙන් යුක්ත නම්, ඒ අනුකම්පා කරන අය අතර එක්කෙනෙක් මං' කිව්වා. ඊට පස්සේ ඇහුවා 'එතකොට මේ වගේ පායන කාලෙක, දුර්භික්ෂ කාලෙක, ආහාර පාන හිඟ කාලෙක, කූපන් වලින් යැපෙන කාලෙක, එදා වේල කන්න නැති මිනිස්සුන්ගේ ගෙවල් ගානේ ගිහිල්ලා ඒ මිනිස්සු උයාපු ටිකත් අරගෙන, මේ පවුල් විනාශ කරන්නෙ ඇයි?' කියලා ඇහුවා.

පවුල් පිරිහීමට හේතුවන කරුණු....

එතකොට බුදුරජාණන් වහන්සේ උත්තර දුන්නා. පින්වත, ඔය කියාපු කාරණාව ඒ කියන්නේ උයාපු එකෙන් බත් කටක් පූජා කරහම මේ පවුල් විනාශ වෙනවාදැයි කියලා මං බලනවා කිව්වා දැන් ආපස්සට. කල්ප අනූදෙකක් මං ආපස්සට බැලුවා දැන්. එක්කෙනෙක් නෑ කිව්වා උයාපු එකෙන් බත් කටක් පූජා කිරීම හේතුවෙන් විනාස වෙච්ච. හැබැයි විනාස වෙන්න කාරණා තියෙනවා කිව්වා.

පවුලෙම ඉපදෙනවා කිව්වා පවුල විනාස කරන එකා. එහෙම නැත්නම් කුමන්ත්‍රණ වලට අහුවෙනවා කිව්වා. එහෙම නැත්නම් ආණ්ඩුවේ ගැට වලට අහුවෙනවා කිව්වා. සතුරු කරදර වලට පාත්‍ර වෙනවා කිව්වා. මෙහෙම

විස්තර කරලා අටවෙනි එක අනිත්‍ය කිව්වා. උයාපු දෙයක් තව කෙනෙකුට දීලා පිරිහෙන්නෙ නෑ කිව්වා. එතකොට මේ මනුස්සයා පහදිනවා. බුදුරජාණන් වහන්සේ ධර්මය දේශනා කරනවා. ඒ මනුස්සයා සෝවාන් වෙනවා.

ධර්මය තුළින් මෝරන්න ඕනෙ....

එතකොට බලන්න ඒ කාලෙත් බුදුරජාණන් වහන්සේ කෙරෙහි අපහදවන්න කතන්දර කොච්චර ගියාද? නමුත් ඒ කාලේ මිනිස්සුන්ගේ අර ප්‍රඥාව පිහිටලා තිබුනා. මේ කාලේ ධර්මය ඉගෙන ගත්ත කෙනා ධර්මය තුළින් මෝරන්න ඕනෙ යම්කිසි ප්‍රමාණයකට හරි. ඒ කියන්නේ ධර්මය ඉගෙන ගත්තට පස්සේ මේවා කුසල්, මේවා අකුසල්, මේවා හොඳ දේ, මේක නරක දේ, මේක යහපත්, මේක අයහපත් කියලා යම්කිසි විදිහකට මෝරන්නෙ නැත්නම්, එයා ළපටි නම්, එයා මෝරන දවසක් ඇත්තෙත් නෑ.

මේ ජීවිතේදී ඉගෙන ගන්න ධර්මය තුළ තමන්ට මයි මේක කරගන්න පුළුවන්. මේක බාහිර කෙනෙක් කරන්නෙ නෑ. ඒකයි මේ ධර්මය ඉගෙනිල්ලේ වැදගත්කම තියෙන්නේ. මගේ ළඟට ආවා එක අම්මා කෙනෙක්. ඇවිල්ලා හරී දුකසේ මට කිව්වා 'අනේ ස්වාමීනී, මගේ අතින් විශාල වැරැද්දක් වුනා' මං මොකක්ද කියලා ඇහුවා. 'මං භාවනා පන්තියකට ගියා. ගිහිල්ලා මං වාඩිවෙලා භාවනා කරද්දී මගේ මේ කකුල හිරි වැටිලා වේදනාවේ හරී කැක්කුමේ මං හිටියේ. මම ඉතින් අමාරුවෙන් ඉඳලා කකුල චුට්ටක් දිග ඇරලා ආයෙ නවාගත්තා.

ධර්මය හරියට දන්නවා නම් මෙහෙම වෙන්නෙ නෑ....

එතකොට මං කමටහන් ගන්න ගියපු වෙලාවේ ඒ හාමුදුරුවෝ කිව්වා මං බලන් හිටියේ සෝවාන් වෙන්න ඔන්න මෙන්න තියෙද්දී කකුල දිග ඇරපු නිසා මිස්වෙලා ගියා ඔයාට කිව්වා' ඉතින් ඒ අම්මා ඒක දැඩි ලෙස අදහාගෙන මට කියනවා අනේ මම එදා ඒ වේදනාව ඉවසගෙන කකුල එහෙමම නවාගෙන හිටියා නම් මං අද සෝවාන් නේද? මොකක්ද මේකේ හේතුව? ඒ දහම කියන එක්කෙනා දන්නෙත් නෑ සෝවාන් කියන්නේ මොකක්ද කියලා. අහපු කෙනා දන්නෙත් නෑ.

ගොඩාක් දුරට දැන් ප්‍රචලිත වෙලා තියෙන්නේ භාවනා කරගෙන යනකොට අරමුණ නොදැනී යනවා. අරමුණ නොදැනී ගියහම ඒ කියන්නේ තමන්ගේ කයත් නොදැනී යනවා. සිතත් නොදැනී යනවා. මේක තමයි මාර්ගය ඵලය කියලා හිතන් ඉන්නේ. ඒ නිවන අරමුණු වුනා කියලා මතයකට එනවා. ඒකට කියන්නේ ලෞකික අනිමිත්ත සමාධියක්. ඒකේ සෝවාන් මාර්ගයක් අහලකවත් නෑ. ඒ වගේ වුනහම රැවටෙනවා.

සත්‍යය වනාහී එකකි. දෙකක් නැත්තේය....

ධර්මය ඉගෙන ගත්තු නැති කෙනෙක් තමයි ගිහිල්ලා අර භාවනාවට වාඩි වෙන්නේ. එහෙම වාඩි වෙලා එතනදි එයා හිතනවා හරි මට මේක වෙන්න ඕනෙ දැන්. ඇයි අනිත් අයත් කියනවනෙ මං මෙහෙම භාවනා කරලා කය නොදැනී ගියා. හිතත් නොදැනී ගියා. නිවන

අරමුණු වුනා කියනවා. එතකොට ඒ විග්‍රහය අහගෙන ඉන්න කෙනෙකුට තේරෙන්නේ මොකක්ද? මේක හැබෑ එකක් කියලා. නිවනක් ජේන තෙක් මානෙ නෑ. එතකොට ඒ විදිහට රැවටෙන්න මොකද හේතුව? ධර්මය නොදැන සිටීම.

ඒ නිසයි මම ඉක්මනින් ඉක්මනින් බුද්ධ දේශනා පරිවර්තනය කළේ. බුද්ධිමත් කෙනෙකුට ඕනනම් කියවගතහැකි ඇත්ත කොහෙද තියෙන්නේ කියලා. කොහේ තිබුණත් ඇත්ත ඇත්තමයි. **"ඒකං හි සච්චං න දුතියමත්ථි"** සත්‍යය වනාහී එකකි. දෙකක් නැත්තේය. ඒ නිසා මේ බුද්ධ දේශනා එකක් වෙලා, අත්දැකීම තව එකක් වෙන්න විදිහක් නෑ. ඊළඟට බුද්ධ දේශනාවෙන් ගන්න එකක් මිසක් අත්දැකීමක් නිසා දේශනාවකට යනවා කියලා එකක් නෑ.

ශාන්ත විහරණ ඇති ශ්‍රමණයන්....

මං ඔබට මේකට තවත් කාරණයක් කියන්නම්. පරිනිබ්බාන සූත්‍රයේ තියෙනවා බුදුරජාණන් වහන්සේ පිරිනිවන් පාන්නට වඩින ගමනේදී හිරණ්‍යවතී කියන නදියට වැඩියා. වැඩලා ඒ නදියෙන් පැන් පහසු වුනා. පැන් වැළඳුවා. ඊට පස්සේ ගොඩට වැඩලා දැන් රුක් සෙවනක වැඩ ඉන්නවා. සංඝයාත් නිශ්ශබ්දව වටේට ඉන්නවා. ඔතනින් එනවා මල්ල රාජ පුත්‍රයෙක් පුක්කුස කියන නමින්. මේ මල්ල රාජපුත්‍රයා බුදුරජාණන් වහන්සේයි සංඝයායි ඉන්න ශාන්ත ඉරියව්ව දැකලා අතිශයින් ම චිත්තප්‍රසාදයට පත්වුනා.

පත්වෙලා කිව්වා 'ස්වාමීනී, ශාන්ත විහරණ ඇති ශ්‍රමණයන් දැකීම හිතට හරී සැනසිල්ලක්. භාග්‍යවතුන් වහන්සේ මේ වැඩඉන්න හැටි දැක්කහම මට මතක් වෙනවා කිව්වා ආළාර කාලාමව. එතුමා දවසක් භාවනා කර කර හිටියා පාරක් අයිනේ. එතනින් ගියා කරත්ත පන්සීයක්. කරත්ත යනකොට ඉතින් සද්දෙ ඇහෙනවනෙ එකක් දෙකක්යැ. දූවිලිත් ඇඟට වැදිලා. පිටිපස්සෙන් මං ගියේ. මං ටිකක් වෙලා හිටියා එතුමා ගාව නැවතිලා.

එතුමා ඇස් ඇරියා....

ඊට පස්සේ මං ඇහුවා 'ස්වාමීනී, මෙතන ඉස්සරහින් කරත්ත පන්සීයක් ගියා දැක්කද? නෑ කිව්වා. එතකොට කරත්ත පන්සීය යනවා ඇහුනෙ නැද්ද? නෑ කිව්වා. ඊට පස්සේ ඇහුවා එතකොට ඔබවහන්සේ හිටියේ සැතපිලාද? නෑ කිව්වා. ඔබවහන්සේ හිටියේ සිහියෙන්ද? ඔව් සිහියෙන් කිව්වා. එතකොට හිතන්න ආළාර කාලාම සෝවාන් වෙලාද? නෑ. සකදාගාමී වෙලාද?නෑ. අනාගාමී වෙලාද? නෑ. රහත් වෙලාද? නෑ.

එහෙනම් මොකවත් මගඵල නැතුව අරමුණු නොදැනී ලස්සනට ඉන්න පුළුවන්. අද වෙන්නේ ඒ වගේ ඒවා විතරයි. ඒවට ගොඩක් අය මං නම් අර ඵලයට පත්වුනා, මේ ඵලයට පත්වුනා කිය කිය රැවටී රැවටී රට වටේ යනවා. මොකද හේතුව? මේ සමාධිය ගැන තියෙන වෙනස්කම් දන්නෙ නැති එකයි. ඒ ගැන ධර්මයෙන් විස්තර කරලා තියෙන දේවල් දන්නෙ නැති එකයි. කොටින්ම චතුරාර්ය සත්‍යය දන්නෙ නැති එක.

තණ්හාව ක්ෂය වීමයි නිවන....

චතුරාර්ය සත්‍යය තුළ අරමුණු නොදැනී යාම නිවන කියලා දේශනා කරලා නෑ. බුද්ධ දේශනාවේ තියෙන්නේ කොහොමද? "**තණ්හක්ඛයෝ නිබ්බානං**" තෘෂ්ණාව ක්ෂය වීමයි නිවන. හැබැයි මෙහෙම එකක් වෙනවා. දැන් සමහර විට කෙනෙකුට භාවනා කරද්දි සිතේ නීවරණයන්ගේ යටපත් වීම නිසා ඇති වෙනවා සංසිඳීමක්. ඒ සංසිඳීමට රැවටෙනවා තමන් පිරිහෙන්නෙ නෑ කියලා. ඒක හරියට අර ඉර්ධිබල ලබලා හිමාල වනයෙන් මල් ගෙනාපු පොඩිනම වගේ.

හිමාල වනයෙන් මල් ගෙනාපු පොඩි නම පෙරහන්කඩේ පිටින් ගුරුන්නාන්සෙට දුන්නනෙ මල් පූජා කොරන්න කියලා. එතකොට ගුරුන්නාන්සේ මල් ටික පූජා කළා කළා මල් ඉවර වෙන්නෙ නෑ. ඊට පස්සේ කිව්වා පොඩිනම ඉවර වෙන්නෙ නෑ නොවැ මල්. ස්වාමීනී, ඕක අනිත් පැත්ත හරවලා ගසන්න කිව්වා. ගැසුවා. ගැසුවහම මල් ඉවර වුනා. ගුරුන්නාන්සේ බැලුවා මෙයා මගඵල ලබලා නෑ. කිව්වා පොඩිනම අප්‍රමාදී වෙන්න. නැත්නම් ඇහැක් කණ වෙච්ච ස්ත්‍රියකට කැඳ හද හද දෙන්න වෙයි කිව්වා ගිහියෙක් වෙලා.

සම්මා දිට්ඨියෙන් තොරව ස්ථිර විසඳුමක් නෑ....

තමන්ගේ හිත ගැන විශ්වාස කළා. හිතුවා තමන්ට අකුසල් හටගන්නෙ නෑ කියලා. ඒක තමයි ලෞකික සමාධියේ හැටි. ඒ ලෞකික සමාධියත් එක්ක හිතේ ඇතිවෙන ශාන්ත බවට තමන් ලකුණු දාගන්නවා. ඒකෙන්

ඒක වෙන්නේ. චතුරාර්ය සත්‍ය නැති වුනහම වෙන දේ. ඒ නිසයි අපි හැම තිස්සෙම කියන්නේ සම්මා දිට්ඨියෙන් තොරව මේකේ මොකවත් ස්ථිර යමක් ලැබෙන්නෙ නෑ කියලා. ඉතින් ඒ නිසා අපට සම්මා දිට්ඨිය දියුණු කරගන්න, චිත්තප්‍රසාදය ස්ථිරව පවත්වා ගන්න, අකුසල් ප්‍රහාණය කරගන්න වාසනාව ලැබේවා...!

සාදු! සාදු!! සාදු!!!

මහාමේඝ ප්‍රකාශන

● ත්‍රිපිටක පොත් වහන්සේලා :

01. දීඝ නිකාය 1 කොටස
(සීලක්ඛන්ධ වර්ගය)
02. දීඝ නිකාය 2 කොටස
(මහා වර්ගය)
03. දීඝ නිකාය 3 කොටස
(පාථික වර්ගය)
04. මජ්ඣිම නිකාය 1 කොටස
(මූල පණ්ණාසකය)
05. මජ්ඣිම නිකාය 2 කොටස
(මජ්ඣිම පණ්ණාසකය)
06. මජ්ඣිම නිකාය 3 කොටස
(උපරි පණ්ණාසකය)
07. සංයුත්ත නිකාය 1 කොටස
(සගාථ වර්ගය)
08. සංයුත්ත නිකාය 2 කොටස
(නිදාන වර්ගය)
09. සංයුත්ත නිකාය 3 කොටස
(ඛන්ධක වර්ගය)
10. සංයුත්ත නිකාය 4 කොටස
(සළායතන වර්ගය)
11. සංයුත්ත නිකාය 5 කොටස
(මහා වර්ගය - 1)
12. සංයුත්ත නිකාය 5 කොටස
(මහා වර්ගය - 2)
13. අංගුත්තර නිකාය 1 කොටස
(ඒකක, දුක, තික නිපාත)
14. අංගුත්තර නිකාය 2 කොටස
(චතුක්ක නිපාත)
15. අංගුත්තර නිකාය 3 කොටස
(පඤ්චක නිපාත)
16. අංගුත්තර නිකාය 4 කොටස
(ඡක්ක, සත්තක නිපාත)
17. අංගුත්තර නිකාය 5 කොටස
(අට්ඨක, නවක නිපාත)
18. අංගුත්තර නිකාය 6 කොටස
(දසක, ඒකාදසක නිපාත)
19. ඛුද්දක නිකාය 1 කොටස
(ඛුද්දකපාඨ පාළි, ධම්මපද පාළි, උදාන පාළි, ඉතිවුත්තක පාළි)
20. ඛුද්දක නිකාය 2 කොටස
(විමාන වත්ථු , ප්‍රේත වත්ථු)

● ධර්ම දේශනා ග්‍රන්ථ :

01. කියන්නම් සෙනෙහසින් මිය නොයන් හිස් අතින්
02. තෝරාගනිමු සැබෑ නායකත්වය
03. පැහැදිලි ලෙස පිරිසිදු ලෙස දෙසූ සේක සිරි සදහම්
04. දම් දියෙන් පණ දෙව් විමන් සැප
05. බුදුවරුන්ගේ නගරය
06. සයුර මැද දූපතක් වේ ද ඔබ...?
07. ගිහි ගෙයි ඔබ ඇයි?
08. මෙන්න නියම දේවදූතයා
09. ආදරණීය වදකයා
10. සයුරේ අසිරිය ධර්මයේ
11. විෂ නසන ඔසු
12. සසරක ගමන නවතන නුවණ
13. විස්මිත හෙළිදරව්ව
14. දිළිසෙන සියල්ල රත්තරන් නොවේ
15. අනතුරින් අත්මිදෙන්නට නම්...
16. අතරමං නොවීමට...
17. සුන්දර ගමනක් යමු
18. කවදා නම් අපි නිදහස් වෙමුද?
19. ලෙඩ දුක් වලින් අත්මිදෙමු
20. ලෝකය හැදෙන හැටි
21. යුද්ධයේ සුළමුල
22. රහතන් වහන්සේ මරණින් මතු ඇත නැත
23. නුවණැස පාදන සිරි සදහම්
24. මරණය ඉදිරියේ අසරණ නොවීමට නම්
25. අපේ නව වසර බුද්ධ වර්ෂයයි
26. හේතුවක් නිසා
27. අවබෝධ කළ යුතු ධර්මය මෙයයි
28. සැබෑ බිරිඳ කවුද?
29. පහන් සිළ නිවෙන ලෙස පිරිනිවී වැඩි සේක
30. සසරට බැඳෙමුද සසරින් මිදෙමුද?
31. රහතුන්ගේ ධර්ම සාකච්ඡා
32. සැබෑ දියුණුවේ රන් දොරටුව
33. බලන් පුරවරක අසිරිය
34. මමත් සිත සමාහිත කරමි බුදු සමිඳුනේ...
35. එළිය විහිදෙන නුවණ
36. සැබෑ ශ්‍රාවකයා ඔබද?

37. අසිරිමත් ය ඒ භාග්‍යවතාණෝ...
38. නුවණැත්තෙක් වෙන්නට නම්
39. බුද්ධියේ හිරු කිරණ
40. නිවන්නට භව ගිමන් දෙසූ සදහම් ගිමන්
41. ඒ භාග්‍යවතුන් වහන්සේගේ ශ්‍රාවකයා වෙමි මම
42. සසරක රහස
43. නුවණින් ලොව එළිය කරනා මහා ඉසිවරයාණෝ
44. ස්වර්ණමාලී මහා සෑ වන්දනාව
45. සොඳුරු හුදෙකලාව
46. මග හොඳට තිබේ නම්...
47. මගේ ලොව හිරු මඬල ඔබයි බුදු සමිඳුනේ
48. නුවණැත්තන් හට මෙලොවේ - දකින්ට පුළුවනි සදහම්
49. සිත සනසන අමා දහම්
50. අසිරිමත් සම්බුදු නුවණ
51. ගෞතම සසුනේ පිහිට ලබන්නට...
52. බුදුරජාණන් වහන්සේ කුමක් වදාළ සේක්ද?
53. පින සහ අවබෝධය
54. සැබෑ බසින් මෙම සෙත සැලසේවා !
55. සැපයක්ය එය නුඹට - සැනසෙන්න මෙත් සිතින්
56. අසත්‍යයෙන් සත්‍යයට...
57. කවුරුද ලොව දැකගත්තේ - ඒ සම්බුදු සිරි සදහම්
58. පිරිනිවුණි ඒ රහත් මුනිවරු
59. බාධා ජයගත් මගමයි යහපත්
60. භව පැවැත්මේ සැබෑ ස්වභාවය
61. සුගතියට යන සැලැස්මක්
62. බුදුමුවින් ගලා ආ - මිහිරි දම් අමා දූන්
63. යළි යුගයක් ආවා ලොව සම්බුදු
64. පිනක මහිම
65. බුදු නෙතින් දුටු හෙට දවසේ ලෝකය
66. ජීවිතය දකින කැඩපත ධර්මයයි
67. අකාලික මුනි දහම
68. නිවී පහන් වී සිත් සැනසේවා
69. සුසුමක විමසුම නිවනක ඇරඹුම
70. පිනෙන් පිරුණු සොඳුරු ජීවිතයක්
71. අසිරිමත් දම් රස අමාවන්
72. ලොව දමනය කළ මුනිඳාණෝ
73. නැසෙන වැනසෙන පිනිබිඳුව
74. ගෞතම මුනිඳු මගෙ හිරු සඳු වන සේක
75. දහම් ඇස පහළ විය
76. ශ්‍රේෂ්ඨත්වය සොයා යාම
77. ලෝකයෙන් නිදහස් වීම
78. නුවණැත්තා සිත ඍජු කරයි
79. සිත සනසන බුදුබණ වැටහේවා!

- **සදහම් ග්‍රන්ථ :**

01. පිරුවානා පොත් වහන්සේ
02. ඔබේ සිත සමඟ පිළිසඳරක්
03. සිතට සුවදෙන භාවනා
04. පින් මතුවෙන වන්දනා
05. ශ්‍රී සම්බුද්ධත්ව වන්දනා
06. සිරි ගෞතම බෝධි වන්දනාව
07. අසිරිමත් පසේබුදු පෙළහර
08. අනේ..! අපේ කථාවත් අහන්න...
09. ධාතුවංශය
10. නුවණැතියන් සද්ධර්මයට පමුණුවන අසිරිමත් පොත් වහන්සේ - නෙත්තිප්පකරණය

- **නුවණ වැඩෙන බෝසත් කථා :**

01. නුවණ වැඩෙන බෝසත් කථා 1 - අපණ්ණක වර්ගය
01. නුවණ වැඩෙන බෝසත් කථා 2 - සීල වර්ගය

- **අලුත් සදහම් වැඩසටහන :**

01. දුක් බිය නැති ජීවිතයක්
02. දස තථාගත බල
03. දෙව්ලොව උපත රැකවරණයකි
04. නුවණ වැඩීමට පිළියමක්

- **සදහම් සිතුවම් පොත් පෙළ :**

01. ඡත්ත මාණවක
02. බාහිය දාරුචීරිය මහරහතන් වහන්සේ
03. පිණ්ඩෝල භාරද්වාජ මහරහතන් වහන්සේ
04. සුමන සාමණේර
05. අම්බපාලී මහරහත් තෙරණියෝ
06. රට්ඨපාල මහරහතන් වහන්සේ
07. සක්කාර නුවර මසුරු කෝසිය
08. කිසාගෝතමී
09. උරුවේල කාශ්‍යප මහරහතන් වහන්සේ
10. සංකිච්ච මහරහතන් වහන්සේ
11. සුප්පබුද්ධ කුෂ්ඨ රෝගියා
12. නිවී ගිය සේක බුද්ධ දිවාකරයාණෝ

13. සුමන මල් වෙළෙන්දා
14. කාලි යක්ෂණිය
15. මුගලන් මහරහතන් වහන්සේ
16. ලාජා දෙවඟන
17. ආයුවඩ්ඪන කුමාරයා
18. සන්තති ඇමති
19. මහධන සිටුපුත්‍රයා
20. අනේපිඬු සිටුතුමා
21. නන්ද මහරහතන් වහන්සේ
22. මණිකාර කුළුපග තිස්ස තෙරණුවෝ
23. විශාඛා මහෝපාසිකාව
24. පතිපූජිකාව
25. සිරිගුත්ත සහ ගරහදින්න
26. මහාකස්සප මහරහතන් වහන්සේ
27. අහෝ දෙව්දත් නොදිටි මොක්පුර

- **ඉංග්‍රීසි භාෂාවට පරිවර්තනය වී ඇති ධර්ම දේශනා ග්‍රන්ථ :**

01. The life of Buddha for children
02. The Wise Shall Realize
03. Stories of Ghosts
04. Stories of Heavenly Mansions

- **ඉංග්‍රීසි භාෂාවට පරිවර්තනය වී ඇති සදහම් සිතුවම් පොත් :**

01. Chaththa Manawaka
02. Sumana the Novice monk
03. Stingy Kosiya of Town Sakkara
04. Kisagothami
05. Kali She-devil
06. Ayuwaddana Kumaraya
07. Sumana The Florist

පූජ්‍ය කිරිබත්ගොඩ ඤාණානන්ද ස්වාමීන් වහන්සේ විසින් රචිත සියලුම සදහම් ග්‍රන්ථ සහ ධර්ම දේශනා ලබාගැනීමට

ත්‍රිපිටක සදහම් පොත් මැදුර

අංක 70/A/7/OB, YMBA ගොඩනැගිල්ල, බොරැල්ල, කොළඹ 08

දුර : 077 47 47 161 / 011 425 59 87

ඊ-මේල් : thripitakasadahambooks@gmail.com

www.ingramcontent.com/pod-product-compliance
Lightning Source LLC
Chambersburg PA
CBHW070540030426
42337CB00016B/2290